Friedrich Knoke

Armin, der Befreier Deutschlands

Friedrich Knoke

Armin, der Befreier Deutschlands

ISBN/EAN: 9783955643720

Auflage: 1

Erscheinungsjahr: 2013

Erscheinungsort: Bremen, Deutschland

EHV
HISTORY

ARMIN

DER BEFREIER DEUTSCHLANDS

EINE QUELLENMÄSSIGE DARSTELLUNG

VON

Dr. FRIEDRICH KNOKE

BERLIN
WEIDMANNSCHE BUCHHANDLUNG
1909

Inhalt.

Einleitung.

In wenigen Wochen werden 1900 Jahre verflossen sein, seitdem der Cheruskerfürst Armin von der römischen Herrschaft unser Vaterland befreite. Verherrlichen wir durch Denkmäler und Jahrhundertfeier die großen Männer und Taten der Vergangenheit, so hat der Sieger in der Schlacht des Teutoburger Waldes den ersten Anspruch auf die Dankbarkeit und Verehrung unseres Volkes.

Es war daher ein schöner und hochherziger Gedanke Ernsts von Bandel, dem Befreier Deutschlands in der Gegend seiner Heimat auf hoher Bergeskuppe ein prächtiges Denkmal zu errichten. Seitdem steht er da, der große Held, in Erz gegossen, weitschauend über die Lande, die einst die fremden Kriegerscharen so oft durchzogen hatten, mit drohend erhobenem Schwert, als ein warnendes Zeichen für alle Feinde, die je es wieder wagen sollten, zum Rheinstrom her die deutsche Grenze zu betreten.

Auch der Gedanke mußte lauten Widerhall in unserem Volke finden, zu den Füßen des ehernen Kolosses im Angedenken an die Taten unseres Helden eine Feier zu begehen, ein Fest zugleich zum Preise des Künstlers, der nicht müde wurde, durch alle Schwierigkeiten hindurch sein stolzes Bildwerk zu vollenden.

So mögen denn vaterländisch gesinnte Männer und Frauen zu jenem schönen Berge pilgern und aus der Erinnerung an die ruhmvollen Zeiten der Vergangenheit neue

Hoffnung für die Gegenwart und Zukunft unseres Volkes schöpfen. Aber nur für den wird diese Feier den wahren Wert gewinnen, der auch dahin gelangte, jene Begebenheiten der vaterländischen Geschichte in ihrer Bedeutung zu erkennen. Zu diesem Verständnis mitzuwirken, dazu mögen die hier dargebotenen Zeilen dienen.

Um die Bedeutung Armins in ihrem vollen Werte zu verstehen, muß man sich zunächst vergegenwärtigen, welches der Feind war, gegen den der Kampf aufgenommen wurde. Bisher hatte das römische Volk noch jeden Krieg, den es führte, glücklich beendigt. Aus kleinem Ursprunge war die Stadt am Tiber zu einer Weltherrschaft gelangt, die niemals vorher ihresgleichen hatte. Vom Atlantischen Ozean bis an den Euphrat, von den Wüsten Afrikas bis an die Nordsee waren alle Völker unterworfen. Ein tatkräftiger und kluger Kaiser stand an der Spitze dieses Reiches, so hoch geschätzt, daß man selbst göttliche Verehrung ihm erwies.

Den Rhein und die Donau entlang war die Grenze durch eine Menge von Festungen geschützt. Zahlreiche Legionen hatten dort ihr Standquartier. Ja, über diese Flüsse hinaus waren die römischen Heere unter tüchtigen Feldherren bereits vorgedrungen. Das germanische Gebiet konnte bis zur Elbe als unterworfen gelten. Rings lagen dort Soldaten in den festen Plätzen. Der fremde Statthalter hatte sein Sommerlager schon mitten in deutschen Landen an den Ufern der Weser aufgeschlagen.

Römische Verwaltung und Gerichtsbarkeit waren eingeführt, die Deutschen zu Heeresfolge und Tribut gezwungen. Ja, was als noch bedenklicher für unser Vaterland erscheinen mußte, das war das Eindringen römischer Sitten und das Entgegenkommen, mit denen vielfach die Bevölkerung, insbesondere die Fürsten, die fremden Herren aufgenommen hatten. Diente mancher Deutsche doch gar gern im römischen Heere und erfreute sich der Ehren, mit denen man seine Tapferkeit belohnte. Auch der mächtigste der heimischen Fürsten, der Beherrscher der Markomannen, Marbod, hatte nach kurzer Gegnerschaft mit den Römern wieder sich vertragen.

Nach menschlichem Ermessen mußte für das deutsche Volk die Zeit gekommen sein, wo es auf immer der Herrschaft Roms verfallen war. Der Romanisierung des Landes stand anscheinend längst nichts mehr im Wege. Da wagte es Armin, sein Volk von der fremden Herrschaft zu befreien.

Unter den deutschen Stämmen waren zur Zeit des Augustus zwei die angesehensten, im Südosten die Markomannen, im Nordwesten die Cherusker, jene in den Ländern der oberen Elbe, diese auf beiden Seiten der mittleren Weser angesessen. Während indessen bei den Markomannen Marbod eine königliche Macht besaß, genossen bei den Cheruskern verschiedene Familien eine hervorragende Stellung. Aus einem solchen fürstlichen Hause stammte Armin, der Sohn Segimers.

Seine Geburt fällt in das Jahr 16 v. Chr. Gleich anderen vornehmen Deutschen nahm auch er Kriegsdienste im römischen Heere, und als Führer einer landsmännischen Truppe zeichnete er sich dermaßen aus, daß man zum römischen Ritter ihn beförderte. Damals wurde er der lateinischen Sprache mächtig und hatte Gelegenheit, die Kriegskunst der Eroberer aus eigener Erfahrung kennen zu lernen, wenn es auch ungewiß ist, ob er in Rom jemals sich aufgehalten hat.

Während sein Bruder Flavus, wie er auch einen fremden Namen führte, im römischen Heere weiterdiente und dort mit Stolz als Preis der Tapferkeit seine Ehrenzeichen trug, so kehrte Armin zu den Seinigen zurück, wo er bald an die Spitze seines Stammes trat, freilich nicht ohne daß er mit der Gegnerschaft der nächsten Verwandten rechnen mußte. Namentlich machte sein Oheim Inguiomer, ebenfalls ein Mann von großem Ansehen und Verdiensten, den Rang ihm streitig. Ein anderer Bruder, Sesithakus, hielt dagegen fest zu unserem Helden und büßte seine Treue später als Gefangener der Römer.

Armin zeigte die glänzendsten Eigenschaften. Er besaß eine starke Leibeskraft, eine ausgezeichnete Gewandtheit und Übung in den Waffen. Der Ausdruck seines Gesichts, das Feuer seiner Augen verrieten bereits den kühnen und bedeutenden Mann. Und wirklich rühmen die römischen Schriftsteller nicht nur seine hervorragende Tapferkeit, die er in allen Schlachten zeigte, sondern auch seine Klugheit und Geistesgegenwart. Auch die Beredsamkeit stand ihm in hohem Maße zu Gebote. Was ihn aber ganz besonders zum Führer seines Volkes eignete, das war die unermüdliche Tatkraft und die Festigkeit des Willens, das war die glückliche Verbindung von besonnener Überlegungskunst und Kühnheit bei der Durchführung der Pläne, seine hohe Feldherrntüchtigkeit nicht minder wie seine staatsmännische Befähigung.

Und trotz der kalten Berechnung und nüchternen Erwägung, trotz der harten Rücksichtslosigkeit, mit der er vorging, wenn es nötig schien, war er doch wieder ein Mann des Gemüts, voll Liebe zu seiner Gattin Thusnelda, die ihm freiwillig aus dem Elternhause folgte, als ihr Vater zu der Vermählung mit ihm seine Zustimmung verweigerte, voll leidenschaftlichen Hasses gegen die fremden Unterdrücker, voll der edelsten Liebe zu dem Vaterlande und Begeisterung für die Freiheit seines Volkes. Kurzum, wir finden in ihm alle Eigenschaften, die ihn als den vielseitig begabten und tatkräftigen Mann, als den Helden des deutschen Volkes schlechthin uns erscheinen lassen.

Sollte das Joch der fremden Eroberer abgeschüttelt werden, so konnte es nur mit List geschehen. Daß dies Unternehmen zugleich eine Tat des kühnsten Mutes war, ergibt sich aus den Verhältnissen von selbst. Zwar kam die Freiheitsliebe der Deutschen, ihr Unmut über die Bedrückung ihm zu statten. Aber es war doch höchst bedenklich, daß es im eigenen Lande einflußreiche Leute gab, die die Herrschaft der Römer durchaus nicht als ein Unglück betrachteten, die vielmehr geblendet waren von der Größe und Macht des römischen Weltreichs, die neuen Sitten und die überlegene Kultur der Fremden lieb gewonnen hatten.

Dazu kamen Zerwürfnisse in der eigenen Familie Armins, die geringe Neigung der Deutschen zur Unterordnung, ja die Rachsucht, mit der der eigene Schwiegervater ihn verfolgte, endlich die angeborene Eifersucht und Fehdelust, mit der die verschiedenen deutschen Stämme sich bekämpften.

Um so großartiger erscheint das Verhalten Armins, wenn er es erreichte, daß nicht bloß seine engeren Landsleute, die Cherusker, zu den Waffen griffen, sondern daß fast alle Stämme zwischen Rhein und Elbe zu einem großen Bunde sich zusammentaten. Welche mühevolle Tätigkeit, welche wichtigen Verhandlungen müssen da voraufgegangen sein, welche großartige Rührigkeit muß unser staatsmännischer Fürst hierbei entwickelt haben, in dessen Händen alle Fäden der Verabredung zusammenliefen! Sogar an ein Bündnis mit Marbod hat der weitblickende Mann gedacht. Doch war der Markomannenkönig in seiner Kurzsichtigkeit nicht für ein solches Unternehmen zu gewinnen.

Die Schlacht im Teutoburger Walde.

Während der Statthalterschaft des Tiberius konnte der Versuch zur Erhebung unseres Volkes natürlich nicht unternommen werden. Dieser Mann war viel zu umsichtig und Armin damals noch zu jung. Da traf es sich denn glücklich, daß die Statthalterschaft im nordwestlichen Germanien auf Quinctilius Varus überging. Ein Verwandter des kaiserlichen Hauses genoß er nicht nur das Vertrauen des Augustus, sondern nicht minder die Liebe seiner Untergebenen. Auch hat es ihm an persönlichem Mute nicht gefehlt. Schlimm war es nur, daß er die Verhältnisse in Deutschland nicht richtig zu beurteilen wußte und daß es ihm an der nötigen Menschenkenntnis fehlte. Er glaubte, es sei das deutsche Volk zwischen Rhein und Elbe für die römische Herrschaft schon gewonnen, und es genüge nunmehr eine Zivilverwaltung, ein Irrtum, der übrigens um so verzeihlicher erscheint, je öfter derselbe Fehler auch in unseren Zeiten unterworfenen Völkern gegenüber sich zu wiederholen pflegt. So erschien Varus mehr als Jurist, denn als Feldherr. Er führte die römische Gerichtsverfassung ein, brachte die Zeit mit Rechtsprechen hin, wie wenn er Prätor in der Hauptstadt wäre. Dazu reizte er die Deutschen, indem er die Schuldigen auch zu solchen Strafen verurteilte, die, wie die Hinrichtungen und körperlichen Züchtigungen, als eines freien Mannes unwürdig angesehen wurden. Die gleichen Empfindungen hatte man bei der Zahlung des Tributs, den er von den Bewohnern des Landes forderte, und zwar um so mehr, als das System der Erpressungen von ihm in schrankenlosem Maße ausgeübt wurde. Wenigstens behauptete man, er habe vordem, als er Statthalter von Syrien war, als ein armer Mann eine reiche Provinz betreten und als reicher Mann eine arme Provinz verlassen.

Daß er indessen wie ein grausamer Wüterich die Unterworfenen behandelt habe, ist eine falsche Anschauung. Im Gegenteil wird sein Verfahren, wenigstens vom römischen Standpunkte aus, als ein mildes bezeichnet. Den deutschen Fürsten gegenüber benahm er sich gefällig, lud sie an seine Tafel und bewies ihnen auch dann noch sein Vertrauen, als sie bereits mit schlimmen Plänen ihn umgarnten. Allerdings erklärt sich sein Verhalten auch aus einem gewissen Hange zur Bequemlichkeit.

Wollten die Deutschen ihr Vaterland befreien, so durfte allerdings die Gelegenheit, als ein solcher Mann das Land beherrschte, nicht unbenutzt gelassen werden. So wurden denn alle Vorbereitungen zu der Erhebung getroffen und die nötigen Bündnisse mit den Stämmen zwischen Rhein und Elbe abgeschlossen. Außer den Cheruskern waren es insbesondere die Brukterer, Chatten und Marser, wohl auch die Angrivarier. Dazu gehörten dem Bunde noch kleinere Stämme an.

Die Verschworenen verabredeten den römischen Statthalter in das innere Germanien zu locken und ihn dort so lange hinzuhalten, bis der Herbst hereinbrach. So veranlaßte man ihn, sein Sommerlager an den Ufern der Weser aufzuschlagen. Vermutlich bei Rehme unweit Oeynhausen hat er es bezogen. Denn hier konnte er eine gesicherte Stellung einnehmen, hier liefen von allen Seiten die Wege zusammen; von hier aus konnte er nach den verschiedensten Richtungen hin die Verbindungen mit dem inneren Germanien unterhalten.

Um den Statthalter in Sicherheit zu wiegen, behandelten ihn die Fürsten nicht nur freundschaftlich und fanden sich bei ihm zu seinen Gastgelagen ein, sondern man strengte absichtlich allerlei Prozesse an, die er als Richter zu entscheiden hatte. Er ließ sich auch darauf ein, und es schmeichelte ihm noch obendrein, wenn die Deutschen versicherten, sie seien ihm dafür dankbar, daß er anstatt des bisher geltenden Faustrechts zu einem geordneten Rechtsverfahren ihnen verholfen habe.

Trotzdem wäre beinah der ganze Plan gescheitert. Zu den Fürsten, die zu dem freundschaftlichen Verkehr mit Varus zugelassen wurden, gehörte auch Segestes, und dieser scheute sich nicht, das Unternehmen zu verraten und eine förmliche Anklage gegen seinen Schwiegersohn zu erheben. Glücklicherweise ließ sich jedoch der römische Statthalter in seiner Vertrauensseligkeit nicht stören. Er meinte vielmehr, daß der Angabe des Segestes nur persönliche Feindschaft gegen Armin, den Räuber seiner Tochter, zugrunde liege. Er erklärte ihm, daß die Gesetze keine Handhabe gegen den Beklagten böten, und glaubte ihm auch dann nicht, als Segestes ihn aufforderte, er möge seiner Sicherheit wegen beide, ihn und Armin, gefangen nehmen. Das geschah noch bei Gelegenheit des letzten Gastmahls, das der Statthalter mit den Fürsten zusammen, wie das bei besonderen Gelegenheiten Sitte war, bis in die Nacht hinein feierte. So konnte das Verhängnis sich denn ungestört vollziehen.

Dem Varus wurde gemeldet, es habe in weiterer Entfernung von dem Sommerlager ein Aufstand sich erhoben, und der Statthalter zögerte nicht, sofort aufzubrechen, um die Aufständischen zu züchtigen, während sich Armin und die übrigen Mitverschworenen unter dem Vorwande entfernten, daß sie ihre Truppen sammeln und alsdann ihm zuführen wollten.

Bereits war der Herbst angebrochen. Varus würde ohnehin um diese Zeit sein Lager abgebrochen haben, da es Sitte war, die kalte Jahreszeit in den mit größerer Bequemlichkeit ausgestatteten Winterlagern am Rhein zuzubringen. Da nun der Ort des Aufstandes von Oeynhausen aus in der Richtung des Rheins gelegen war, so erschien es geboten, zunächst mit dem ganzen Troß dorthin aufzubrechen. Auch Weiber und Kinder der Zivilbevölkerung, die als Händler, Handwerker und Abenteurer sich in der Nähe des stehenden Lagers aufzuhalten pflegten, begleiteten das Heer. Darauf hatte Armin gerechnet. Unterwegs, wenn der Zug sich langsam fortbewegte, wollte er ihn überfallen.

Die natürliche Verbindung zwischen Oeynhausen und dem rheinischen Hauptlager Castra Vetera (Xanten) führte wie noch jetzt über Bielefeld nach Hamm an die Lippe und sodann den Fluß hinab. Auf dieser Straße, die wir als Etappenstraße uns zu denken haben, die außerdem fast nur durch offenes Gelände führte, durften die deutschen Fürsten das römische Heer jedoch nicht ziehen lassen. Dort würde der Überfall nicht den wünschenswerten Erfolg gehabt haben. Darum mußte man den Varus auf eine Nebenstraße locken. Führte diese dann obendrein durch eine gebirgige Gegend, dann waren die Verhältnisse ungünstiger für das römische Heer, und das um so mehr, wenn es gelang, die Feinde zu einem Zuge zwischen steilen Bergwänden, wo ein Ausweichen zur Seite nicht möglich war, zu veranlassen.

Kein Abschnitt des Gebirgslandes, das zwischen der mittleren Weser und dem Rhein in Frage kam, war jedoch für diesen Zweck so geeignet, wie die Gebirgszüge, die südlich von Osnabrück in gleichlaufenden Linien von Osten nach Westen sich erstrecken. Natürlich war dieses Gelände nicht wegelos. Sonst würde sich Varus wohl gehütet haben, mit seinem großen Gepäck in das Gebirge einzutreten. Vielmehr führten Verbindungen von der Weser aus über Bünde und Melle nach Iburg weiter.

An dieser Stelle setzt der südliche Gebirgszug ab und bildet einen Paß, mit dessen Benutzung man in die westfälische Ebene bequem gelangen konnte, um das aufständische Volk zu erreichen. Der Weg in dieser Richtung bot also alle Eigenschaften, die wir für den Plan der Verschworenen vorauszusetzen haben. Dort waren die günstigen Bedingungen für einen Überfall gegeben; und doch wieder erschien für Varus der Marsch durch das Gebirge nicht gefährlich, da er, wie man glauben mußte, noch durch Freundesland führte und alle Aussicht auf ein ungehindertes Eindringen in die Ebene vorhanden war.

Fand die Erhebung, die dem römischen Statthalter gemeldet wurde und die wir als eine örtliche anzusehen haben, im Münsterlande statt, so konnte Varus keinen anderen Weg einschlagen, weil dieser ihn in geradester Linie an den Herd des Aufruhrs bringen mußte. In der bezeichneten Richtung wird daher der Zug des Varus unternommen worden sein.

So brach das römische Heer vom Sommerlager auf. Der Zug bestand aus drei Legionen der besten Mannschaft, dazu sechs Kohorten bundesgenössischer Truppen und drei Alen Reiterei; zusammen mochten es 18 000 Mann sein. Dazu kam ein großer Troß. Auch Weiber und Kinder begleiteten, wie bemerkt, die Abziehenden.

Da ein römisches Heer in der Regel nur vier Meilen am Tage zurücklegte, so nahm der Weg bis Iburg mehrere Tage in Anspruch; diesmal um so mehr, da die Wege nicht im besten Zustande waren und man allerlei Hindernisse hinwegzuräumen, Bäume zu fällen, Brücken über die Bäche zu schlagen und Dämme in dem aufgerissenen Boden herzustellen hatte. Bei Borgloh mochte man zum letzten Male gerastet haben. Dann gelangte man nach Überschreitung des Dütebachs zwischen die beiden Gebirgswände, von denen der Musenberg und Dörenberg im Norden und der Freden im Süden die höchsten Erhebungen sind.

Ob man neben der nördlichen oder südlichen Gebirgswand seinen Weg nahm, — das Tal in seiner Tiefe kam natürlich nicht in Frage — mag zweifelhaft erscheinen. Jedenfalls war, ehe man den Paß von Iburg erreichte, ein Ausweichen nach der einen oder anderen Seite nicht wohl möglich. Nur in langem Zuge, der immerhin 1½ Stunden weit sich ausdehnen mochte, konnte man sich fortbewegen. Dies alles schien aber unbedenklich, da man im gebirgigen Gelände noch keine Feindseligkeit erwartete. Auch rechnete man darauf, daß die anderen deutschen Fürsten, wie sie versprochen hatten, bald zu dem römischen Heere stoßen würden. Bei Iburg, wo die Wege von verschiedenen Seiten zusammentrafen, durfte man füglich sie erwarten. So ging es in den nach der Düte benannten Teutoburger Wald hinein.

Schon war die Spitze des Zuges bei Iburg angelangt, während das übrige Heer sich noch langsam zwischen den Bergen fortbewegte, da wurden die Römer plötzlich von den Feinden, die die Höhen besetzt hatten, auf allen Seiten überfallen, und es entstand ein Kampf, der die Römer in eine um so schwierigere Lage versetzte, als sie, mit Gepäck beladen, auf dem Marsche sich befanden. Dazu hatte ein heftiges Unwetter sich erhoben. Der feste Lehm, aus dem das Erdreich durchweg dort besteht, wurde weich und der Boden schlüpfrig. Die morschen Zweige stürzten bei dem heftigen Winde bald hier bald dort von den Bäumen nieder und richteten Verwirrung in den Reihen an. Die Deutschen aber, die alle Wege und Stege kannten, drangen selbst durch das Dickicht des Gehölzes an den Zug heran. Ein regelrechter Kampf war hier nicht möglich, und es ist erklärlich, wenn bereits am ersten Schlachttage die römischen Verluste nicht unbeträchtlich waren.

Varus mochte denken, daß sein Heer, wenn es durch den Paß von Iburg hindurchgelangt wäre, sich in Sicherheit befinde. Dort in der Ebene mochte er ein festes Lager dann beziehen. Aber zu seinem Schrecken nahm er wahr, daß der Paß verlegt war.

An zwei Stellen ist die südliche Gebirgswand dort durchbrochen, und Bäche haben beiderseits nach der Ebene daselbst ihren Weg gefunden. Da die Durchlässe aber enge, feuchte Wiesen bilden, die vor Anlage der künstlichen Straßen sicher nicht begangen werden konnten, überdies aber durch die überragenden Höhen beherrscht wurden und durch Verhaue sowie durch Aufstauen der Gewässer völlig abzusperren waren, so mußte eine Benutzung dieser Schluchten für die Römer ausgeschlossen sein.

Zwischen den beiden, etwa 2 Kilometer voneinander entfernten Talengen zieht sich ein Höhenrücken hin, auf dessen westlichem Ende stolz das Schloß Iburg sich erhebt. Der östliche Abschnitt, der den Namen Hagenberg trägt, erscheint etwas niedriger, war aber vor Anlage der dortigen Steinbrüche jedenfalls nicht minder hoch. Beide Erhebungen fallen auf der ganzen Linie steil nach Norden ab und boten, wenn sie besetzt waren, hinlängliche Festigkeit gegen einen feindlichen Angriff.

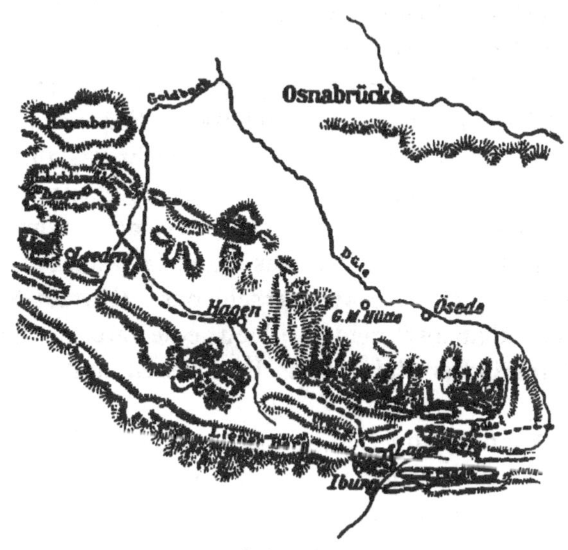

Skizze 1.

In der Mitte dieses Höhenzugs, da, wo der Flecken Iburg liegt, befindet sich eine Einsattlung, die von jeher als Paß benutzt worden ist. Da aber auch diese leicht zu sperren war, so konnte ein gewaltsamer Durchbruch schlechterdings kaum mit Erfolg unternommen werden, zumal das römische Heer durch die Verluste des voraufgegangenen Kampfes entmutigt und bei dem schlimmen Wetter in eine verzweifelte Stimmung geraten war.

Vielleicht war es mittlerweile Abend geworden. Jedenfalls blieb nichts weiter übrig, als innerhalb des geschlossenen Geländes ein Lager aufzuschlagen. Da trotz der nicht unbedeutenden Verluste die Ordnung der einzelnen Abteilungen gewahrt geblieben war, da ferner der zahlreiche Troß noch nicht verloren gegangen war, so mußte das Lager der drei Legionen in regelrechter Form und in seinem gewöhnlichen Umfange hergestellt werden. So ließ es sich denn auch nach sechs Jahren mit seiner weiten Ausdehnung und seinen abgesteckten Plätzen noch erkennen.

Unter normalen Verhältnissen kamen bei größeren Heeren auf die Legion 5 Hektar. Spuren eines Lagers von 15 Hektar Größe haben sich denn auch in der Tat nördlich des Hagenberges wiedergefunden, wenn sie auch bei der Eigentümlichkeit des lehmigen Erdreichs und der vielfachen Durchwühlung des Bodens nicht auf allen Seiten gleichmäßig sich erhalten haben. Auch Kleinfunde aus römischer Zeit wurden auf dem Lagerplatze, vornehmlich aus der Tiefe des Spitzgrabens, mehrfach ausgehoben, so ein römischer Reitersporn, verschiedene Gürtelhaken, ein römischer Riemenschneider, dazu eine Menge Scherben aus frührömischer Zeit nebst Überresten anderer Lagergeräte.

Man kann sich denken, welches Erstaunen im römischen Heere sich geltend machte, als man plötzlich anstatt der Freunde, die man erwartete, Feinde auf den Höhen ringsumher gewahrte. Was sollte man tun? Sollte man die Höhen zu erstürmen suchen und mit Gewalt sich einen Weg in die westfälische Ebene bahnen? Das erschien unmöglich bei der großen Zahl der Feinde, die überdies in den voraufgegangenen Kämpfen den Römern bereits als ebenbürtig sich erwiesen hatten. Auch ist es wohl erklärlich, wenn eine gewisse Mutlosigkeit im Heere des Varus eingerissen war. Überdies würde die Lage durchaus nicht günstiger geworden sein, wenn man sich dem aufständischen Gebiete weiter näherte.

Unter diesen Umständen war es das Geratenste, einstweilen die Züchtigung des abtrünnigen Volkes im Münsterlande und damit auch den Angriff auf die Iburger Höhen aufzugeben. Besser war es, zunächst in westlicher Richtung weiterzuziehen und bei Rheine, wo sich jedenfalls ein befestigter Platz befand, die Ems zu erreichen. Dort war man in Sicherheit und konnte unbehelligt den weiteren Zug ins Winterlager zurücklegen, um mit Beginn des nächsten Sommers Rache an den Aufständischen zu nehmen.

Aber die Lage war auch so noch immer gefahrvoll. Denn der Weg führte, namentlich auf seinem ersten Abschnitte, noch zwischen Bergen weiter, wenn auch hier eine Wegeverbindung bereits vorhanden war, wie aus dem Funde einer Römermünze sowie von Totenurnen auf jener Linie geschlossen werden muß.

Angesichts dieser Schwierigkeiten sah man sich genötigt, am andern Morgen alles überflüssige Gepäck zurückzulassen oder zu verbrennen. Dann setzte man sich wieder in Bewegung und gelangte wirklich in guter Ordnung durch den nächsten Gebirgsabschnitt zwischen dem Urberge und der Hülsegge im Süden und dem Grafensundern im Norden hindurch, kam auch glücklich in das offene Gelände, das sich zwischen Hagen und Natrup auftut, obwohl es auch auf diesem Wege nicht ohne Kämpfe abging. Eine Rast, die nach dem Marsche von etwa 3 Stunden abgehalten wurde, konnte nicht von langer Dauer sein. Wollte man der Gefahr entrinnen, so war keine Zeit mehr zu verlieren.

Nun aber zeigten sich abermals Schwierigkeiten. Vor sich hatte man bewaldete Höhen, die unter dem Namen des Habichtswaldes bekannt sind. Auf der Südseite sah man steile Gebirgswände, über die man nicht hinüberkonnte, und wenn es möglich gewesen wäre, so erhob sich dahinter wieder wie eine feste Mauer in ununterbrochener

Folge die Kette des Osning. Nach Norden auszuweichen, war wegen der vorgelagerten Berge ebensowenig möglich und würde auch nicht dem Zwecke des Zuges entsprochen haben. Aber auch in der bisherigen Richtung gab es nur einen Weg. Denn zwischen den Höhen des Habichtswaldes und den auf beiden Seiten sich hinziehenden Bergrücken befanden sich sumpfige Täler, die keine Möglichkeit des Durchzugs boten. Man mußte den Habichtswald, der von Osten her nur allmählich und nicht bedeutend ansteigt, zu gewinnen suchen. Das ist denn auch geschehen.

Aber jetzt begannen die Leiden von neuem. Der Boden war von dem Regen des voraufgegangenen Tages völlig durchnäßt und bereitete in seinem kleisterartigen Zustande dem weiterziehenden Heere die größten Mühen. Überdies setzte das Unwetter abermals ein, und es war natürlich, daß die römischen Soldaten unter dem unwirtlichen Klima mehr als unsere Landsleute, denen Kälte und Nässe nichts Ungewohntes waren, zu leiden hatten. Dazu fühlten sie sich durch das Traggepäck beschwert. Im Walde aber konnte man nicht weiterkommen. Denn nun eilten die Deutschen unter Armins Führung von allen Seiten herbei und drängten die Feinde auf engem Raume zusammen, während diese zwischen den Bäumen und auf dem schlüpfrigen Boden ihre Reihen nicht entwickeln und ihrer Waffen sich nicht recht bedienen konnten.

Man hatte trotzdem wohl gehofft, durch den Habichtswald sich hindurchzuschlagen. Da meldeten die Vorposten, daß auf der anderen Seite des Gehölzes tiefe Sümpfe sich befänden, die für das Heer unzugänglich seien, ja, daß die ganzen Höhen, auf die man sich begeben hatte, von den moorigen Gründen im Halbkreise förmlich eingeschlossen seien, so daß es schlechterdings nicht möglich war, in der gewählten Richtung sich im geordneten Zuge weiterzubewegen.

Ein Glück war es, daß man in der Nähe einen Platz entdeckte, der bei geneigter Ebene und festem Boden zur

Lagerung sich eignete und überdies auf zwei Seiten durch tiefe Schluchten, auf der dritten, höher gelegenen Seite durch einen Sumpf geschützt war. Auch die Größe der Fläche war für das Heer ausreichend.

Man mußte nach den Anstrengungen des Marsches, nach den blutigen Kämpfen den Soldaten eine Rast verschaffen. Was blieb übrig, als an der gefundenen Stelle ein Lager aufzuschlagen? Dort mochte man die Nacht verbringen. Schon hatte die Reiterei unter dem Legaten Vala Numonius, wenn auch in schimpflicher Flucht, das Weite gesucht. Vielleicht gelang es ihr, sich zum Rhein zu retten. Dann mochte dort ein Heer aufgeboten werden, um die Bedrängten zu entsetzen.

Schnell machte man sich daher ans Werk. Während die einen eine Kette gegen den Feind bildeten, zogen die anderen einen Graben rings um den Platz, andere hoben Rasen aus und schleppten Holz herbei. In kurzer Zeit war eine Wallbefestigung hergestellt. In dieser Arbeit waren die römischen Soldaten ja geübt, und in einer halben Stunde war man mit der Verschanzung fertig.

Freilich mußte man auf ein starkes Werk verzichten. Bei der Härte des Bodens und der Eile, die man hatte, konnte der Graben nur flach sein. Man durfte indessen auf den Schutz, den die Schluchten und Sümpfe boten, sich verlassen. Nur auf der Nordseite, wo das Lager leichter zu erstürmen war, verstärkte man den Wall.

Das war kein großer Ruheplatz. Aber man mußte sich bescheiden und auf die gewöhnlichen Bequemlichkeiten verzichten. Nicht einmal die sonst üblichen Sammelplätze der Truppen, die Prinzipien, konnte man erübrigen. Da jedoch sowohl die Reiterei wie der große Troß nicht mehr vorhanden waren, so handelte es sich lediglich noch darum, Platz für das lagernde Fußvolk zu gewinnen, und da infolge der zweitägigen Kämpfe von dem stattlichen Heere nur noch Trümmer übriggeblieben waren, so reichte jener Raum völlig aus, ja, man durfte in Rücksicht auf die geringe Zahl der Verteidiger dem Walle eine größere Ausdehnung nicht geben.

Man verschanzte sich demnach, so gut es eben ging. Doch was half dies alles? Armin gab den Befehl, das Lager anzugreifen. In ihrer Not warfen die Römer innerhalb der Umwallung da, wo die Stelle für das Hauptquartier, das Prätorium, offen gelassen war, noch eine zweite Befestigung auf. Es war auch dies vergebens.

Schon drohten die Deutschen über die äußeren Schanzen in den Lagerraum einzudringen. Da gab Varus die Hoffnung auf — war er doch ebenfalls verwundet — und stieß das Schwert sich in die Brust, um nicht lebendig in die Hände der Feinde zu gelangen, und seinem Beispiele folgten die angesehensten Führer.

Noch dauerte der Kampf um die äußere Umwallung fort. Er raffte manchen tapferen Krieger hin. Auch der Lagerpräfekt L. Eggius fiel bei der Verteidigung. Da verbot sein Nachfolger, der Lagerpräfekt Cejonius, den weiteren Kampf und überlieferte den Feinden die Befestigung, was freilich auch ihn nicht vor dem Tode schützte. Die Verteidiger, die noch übrig waren, gerieten in Gefangenschaft. Auch Vala Numonius half es nichts, daß er das Heer verlassen hatte. Er fand nicht minder seinen Tod.

Das war das Ende der Schlacht im Teutoburger Walde. Das herrlichste Heer der Römer war vernichtet. Es war ein glänzender Sieg, den unser Volk hauptsächlich seinem Führer Armin zu verdanken hatte. Er war es gewesen, der den Bund der deutschen Stämme zur Vertreibung der fremden Eroberer geschlossen hatte. Er war es gewesen, der den römischen Statthalter in das Waldgebirge der Düte zu locken wußte; er hatte mit unermüdlichem Eifer und mit größter Umsicht die Schlacht geleitet. Vor ihm waren, wie er selbst nachher rühmend sagen konnte, drei Legionen samt ihrem Feldherrn zu Boden gesunken.

Daß die Deutschen in dem Übermut der Sieger vielfach

Ausschreitungen, ja Grausamkeiten verübten, wer will das nicht glauben? Noch zeigte man nach sechs Jahren die Stätte, wo man die dem Tode geweihten Gefangenen hingerichtet hatte. Wir wissen aber, daß dieses Schicksal nur einen Teil derselben getroffen hat. Die meisten blieben am Leben, und auch unter diesen gelang es manchem später wieder zu entkommen.

Die Leiche des Varus hatten seine Leute in der Erde geborgen, um sie nicht in die Hände der Feinde geraten zu lassen. Die Sieger fanden sie indessen und konnten sich nicht enthalten, sie wieder auszugraben und ihr den Kopf abzuschlagen. Dieser wurde dann dem Marbod zugesandt, um ihm damit anzudeuten, daß es nunmehr an der Zeit sei, sich den Deutschen, die ihr Vaterland befreiten, anzuschließen.

Was sonst noch von Grausamkeiten der Sieger gegen die Besiegten erzählt wurde, mochte auf Gerüchten beruhen, wie sie bei solchen Gelegenheiten sich zu bilden pflegen. Sie werden aber von den glaubwürdigsten Schriftstellern nicht weiter mitgeteilt, und wir haben keine Veranlassung, über das Berichtete hinaus die Freude an dem herrlichsten Siege unserer Vorzeit uns verleiden zu lassen. Die Schlacht im Teutoburger Walde ist vielmehr eine der schönsten Taten, die die Geschichte unseres Volkes aufzuweisen hat.

Von der Erinnerung an die Schlacht hat sich im Volke nichts erhalten. Nur in der Nähe von Lienen unweit Lengerich, einige Kilometer von der Walstatt, gibt es einen Hügel, von dem die Sage geht, daß sich dorthin Römer aus der Teutoburger Schlacht geflüchtet hätten. Sie seien aber alsdann sämtlich von den Deutschen erschlagen worden.

Auch die Nachricht, daß sich in der Nähe von Iburg um die Mitte des vorigen Jahrhunderts in einer Höhle viele römischen Waffen und Gerätschaften gefunden hätten, läßt sich gegenwärtig nicht mehr auf ihre Richtigkeit nachprüfen.

Dagegen haben sich die Wälle des zweiten Varuslagers im Habichtswalde nebst den Gräben noch erhalten. Die äußere Umwallung mit ihrer 554 m Länge, die einen Raum von 21 050 Quadratmeter einschließt, war gerade ausgedehnt genug, um die Trümmer des Varusheeres, die wir zu etwa dem dritten Teil der ursprünglichen Zahl schätzen dürfen, aufzunehmen. Pflegte doch dem römischen Soldaten nur wenig mehr als 1 Quadratmeter Lagerraum zugemessen zu werden. Der Ort heißt noch jetzt „de Doenhowe“ d. i. die Totenhaue = Waldlichtung der Toten.

Die innere Lagerstätte ist ebenfalls deutlich noch erhalten. Sie mißt 1600 Quadratmeter. Vier Tore sind an der äußeren Umschanzung nachzuweisen; zwei derselben sind mit einer Umbiegung des Walles nach Innen, der sogenannten Clavicula, verstärkt.

An Altertümern haben sich in dem Lager nebst verschiedenen, nicht mehr näher zu bestimmenden Gegenständen von Eisen und Blei gefunden:

1. Das Bruchstück einer eisernen Lanzenspitze;
2. das einer eisernen Schwertscheide;
3. die Reste zweier eisernen Sporen;
4. eine verhältnismäßig gut erhaltene eiserne Schnellwage;
5. einige hundert Scherben der verschiedensten Art, die indessen sämtlich der Zeit der Römerkriege angehören. Es sind teils Reste von Gefäßen römischer Herkunft, teils gehören sie solcher Tonware an, wie sie zur Römerzeit von den Galliern hergestellt und am Rhein von den römischen Soldaten benutzt zu werden pflegte. Hierzu sind namentlich Randstücke von Kochtöpfen, Näpfen usw. zu rechnen; aber auch das Bruchstück eines Bechers von Terra nigra befindet sich unter den Fundstücken.

Einige der Scherben fanden sich auch außerhalb des Lagers, jedoch in unmittelbarer Nähe des Walles. Endlich wurde einige hundert Schritte vom Lager entfernt mitten im Walde das Bleigewicht einer kleineren römischen Schnellwage ausgegraben. Alte Hufeisen, entsprechend denen, die man auch sonst in Römerlagern aufgelesen hat, fanden sich an verschiedenen Stellen in und außerhalb des Waldes. Endlich wurden nach Angabe von Bauern bei Anlage der Eisenbahn im Moore zwischen Leeden und Lengerich etwa zwanzig Pferdegerippe ausgegraben. So hat der Boden die Überreste treu bewahrt, die einst vor fast zweitausend Jahren im Teutoburger Walde die römischen Soldaten hinterlassen haben, um gegenwärtig wieder an das Tageslicht zu kommen.

Die Belagerung Alisos.

Die Deutschen begnügten sich jedoch mit ihrem Siege nicht. Sie machten sich vielmehr sogleich an die römischen Befestigungen, die im Lande zerstreut waren, um sie zu erobern. Einer dieser festen Plätze muß nicht weit von der Walstatt gelegen haben. Denn es wird erzählt, daß Armin die Häupter derer, die in der Schlacht gefallen waren, auf Lanzen stecken und an den Wall der Feinde herantragen ließ, um diese zur Übergabe zu bestimmen. Jedenfalls gelang die Bezwingung aller dieser Plätze, und es ist wiederum ein Beweis für die Tatkraft und Beharrlichkeit des deutschen Führers, daß er nicht ruhte, bis alles Land rechts des Rheins von den Römern so gut wie ganz geräumt war.

Nur ein Bollwerk bot den Deutschen längere Zeit trotz. Es war Aliso. Das Kastell war einst von Drusus, als er im Jahre 11 v. Chr. einen Feldzug gegen die Cherusker unternommen hatte und von diesen wie den Sigambrern auf seinem Rückzuge überfallen worden war, da, wo der Elison in die Lippe mündet, errichtet worden. Es war die größte aller Befestigungen im rechtsrheinischen Germanien, die einzige auch, deren Namen die römischen Schriftsteller uns überliefert haben. Es sollte der Hauptstützpunkt für die römischen Eroberungen an der Lippe und eine Trutzfeste gegen die Sigambrer und Cherusker sein.

Man hat das Kastell an den verschiedensten Stellen der Lippe gesucht. Namentlich wurde durch die mehrfachen römischen Befestigungen, die bei Haltern unlängst an das Tageslicht gelangten, die Aufmerksamkeit der Forscherwelt auf diesen Punkt gelenkt. Nachweislich gehört indessen das, was hier als Kastell in Betracht gezogen werden konnte, der Zeit nach dem Jahre 2 v. Chr. an.

Schließlich ist alles, was dort ausgegraben wurde, durch die Entdeckung einer gewaltigen Drususfeste bei Oberaden westlich von Hamm in Schatten gestellt worden. Hierhin, an den Zusammenfluß der Sesecke mit der Lippe, wo der Name Elsey an dem Orte noch heute haftet, ist deswegen das Kastell Aliso zu verlegen.

Es war bei seiner ausgedehnten Fläche von mehr als 50 Hektar wohl für eine Besatzung von zwei Legionen berechnet, bot aber reichlich Platz für eine noch viel größere Truppenmenge. Natürlich blieb, als die Römer in das innere Deutschland weiter vorgedrungen waren, die Festung nicht mehr mit einer stärkeren Besatzung belegt. Auch nach der Schlacht im Teutoburger Walde befanden sich nur wenige Kerntruppen, denen sich zahlreiche Bogenschützen zugesellten, unter dem Befehl des Primipilars Cädicius in dem Lager.

Gleichwohl flüchtete alles, was sich aus der Varuskatastrophe hierher retten konnte, mochte es aus den weiter im Innern Deutschlands gelegenen Befestigungen oder aus den in ihrer Nähe befindlichen Ansiedelungen stammen, in das Kastell Aliso, so daß es nunmehr nur durch große Truppenmassen eingeschlossen werden konnte. Aber auch diesen gelang es nicht, die Wälle zu erstürmen. Waren sie doch sehr fest und durch eine größere Anzahl Türme noch verstärkt. Die Deutschen schleppten freilich Holz herbei, um die Brustwehren und Türme in Brand zu stecken. Aber Cädicius gab den Befehl, die aufgeschichteten Massen in das Kastell zu schaffen, um den Belagerern den Glauben beizubringen, es fehle an dem nötigen Brennstoff. So unterließen diese die weitere Ansammlung des Holzes. Unter diesen Umständen zog sich die Belagerung in die Länge.

In Rom hatte die Nachricht von der Niederlage des Varus und dem Verlust der römischen Befestigungen großen Schrecken und tiefe Trauer erregt. Insbesondere war Augustus untröstlich. Man erzählte sich, der alte Kaiser habe aus Verzweiflung wiederholt den Kopf gegen die Wand gestoßen und gerufen: „Varus, gib mir meine Legionen wieder!" Man fürchtete bereits, die Deutschen würden über den Rhein gehen und über die Befestigungen der Römer auf dem linken Ufer herfallen. Gärte es doch bereits unter den dortigen Stämmen.

Zum Übergang über den Rhein kam es nun freilich nicht. Vielmehr begnügte sich Armin mit der Befreiung des rechtsrheinischen Germaniens. Aber Augustus hielt es doch für nötig, seinen Stiefsohn Tiberius mit einem neuen Heere an den Rhein zu entsenden.

Mittlerweile war übrigens auch Asprenas, ein Neffe des Varus, der mit zwei Legionen in Mainz stand und die ihm anvertrauten Befestigungen rechtzeitig zu sichern gewußt hatte, zu den am Niederrhein gelegenen Winterquartieren herbeigeeilt, so daß die Gefahr für das linke Rheinufer damit fürs erste beseitigt war.

Ja, die Deutschen, die Aliso belagerten, gaben, als sie die Besetzung des Rheinufers durch Asprenas erfuhren und hörten, daß Tiberius mit einem großen Heere unterwegs sei, die Bestürmung der Festung auf und begnügten sich damit, sie zu beobachten und die Straßen besetzt zu halten, während ein Teil der Belagerer nach Hause ging. Man hoffte damit die Besatzung auszuhungern.

Doch sollte das sobald nicht glücken. Auch bedienten die Römer sich der List, die gefangenen Deutschen, die in ihren Händen waren, nachts in den Speichern herumzuführen und ihnen die noch vorhandenen Vorräte zu zeigen. Dann schnitten sie ihnen die Hände ab und entließen sie, um ihren Landsleuten erzählen zu können, daß es an Lebensmitteln in dem Lager keineswegs gebreche.

Schließlich gingen bei der großen Menschenmenge, die in Aliso zusammengeströmt war, aber doch die Vorräte zu Ende, so daß bereits Hungersnot eintrat. Deswegen kam Cädicius auf den Gedanken, die waffenlose Menge, darunter Weiber und Kinder, aus der Festung zu entlassen und unter dem Schutze eines Teils der Mannschaft an den Rhein zu schicken.

In einer unwetterlichen Nacht brachen diese denn auch auf und gelangten wirklich an dem ersten und zweiten Wachtposten der Deutschen vorbei. Dann aber wurden sie bemerkt, und nun wären alle umgekommen, wenn nicht ihre Verfolger sich zu sehr auf die Beute gestürzt hätten. So gewannen die Stärksten von den Flüchtigen einen Vorsprung, und die Trompetenbläser unter ihnen stimmten insgesamt einen Laufschritt an und brachten damit den Deutschen die Meinung bei, es sei Asprenas vom Rhein her den Römern zu Hülfe gekommen. So ließ man von der weiteren Verfolgung ab. Schließlich kam aber auch in der Tat Asprenas, der von der Bedrängnis der Besatzung erfahren hatte, dieser zu Hülfe und entsetzte die Festung, so daß nunmehr die Belagerer unverrichteter Sache wieder abziehen mußten. So blieb Aliso in den Händen der Römer.

Im übrigen behaupteten sich die Deutschen rechts des Rheins. Denn wenn auch Tiberius nachher wieder einige Züge in das Innere des Landes unternahm, so richtete er doch dabei nicht viel aus. Auch kehrte er bald nach Rom zurück.

Ereignisse vor dem großen Kriege des Jahres 15 n. Chr.

Die Statthalterschaft am Rhein wurde nunmehr dem Sohne des Drusus, Germanicus, übergeben, einem jungen Manne, der aber von Ehrgeiz beseelt war und danach dürstete, die Schmach des Jahres 9 wieder wettzumachen.

Solange Augustus noch am Leben war, durfte der neue römische Oberfeldherr freilich auf größere Unternehmungen sich nicht einlassen, weil der Kaiser eingesehen hatte, daß der Plan, die Deutschen bis zur Elbe zu unterwerfen, nicht durchzuführen war. Wohl aber nahm Germanicus nach dem Tode des Kaisers im Jahre 14 diesen Gedanken wieder auf. Vor allem aber galt es, für die Niederlage des Varus an den Feinden Rache zu nehmen. Deswegen wurden die nächsten Unternehmungen gegen die an jenem Überfall beteiligten Stämme ins Werk gesetzt.

Armin hatte unterdessen gegen die Römer nichts, was nennenswert erschien, unternommen. Gleichwohl war er keineswegs untätig gewesen. Vielmehr richtete er seine Bestrebungen darauf, den Bund der Stämme, der unter seiner Führung zustande gekommen war, noch zu erweitern und auch diejenigen, die bisher sich zurückgehalten hatten, auf seine Seite zu ziehen. Das gelang ihm wirklich denn auch vielfach. Manche Fürsten anderer Stämme ordneten sich ihm unter. Es kam ihm dabei zustatten, daß Geschenke aus der Beute, die den Siegern in die Hände gefallen war, an sie verteilt werden konnten. Sogar Segimund, den Sohn des Segestes, hielt es nicht länger in der Fremde. Er bekleidete das Amt eines Priesters in Köln. Aber als er von der Erhebung der Cherusker hörte, zerriß er seine Priesterbinde und eilte in die Heimat zurück, um sich seinen Landsleuten anzuschließen.

Übrigens wurden gegen die, welche nicht an dem Abfall von den Römern sich beteiligen wollten, auch gewaltsame Mittel in Anwendung gebracht. So wurde Bojokal, ein angesehener Fürst aus dem an der Ems wohnenden Volke der Ampsivarier, weil er den Römern treu geblieben war, auf Armins Befehl gefangen genommen. Dasselbe Schicksal traf Segestes, der mit seinem Schwiegersohne immer noch im Hader lebte und es sogar einmal fertiggebracht hatte, ihn, wenn auch nur für kurze Zeit, gefangen zu nehmen. Doch ist von diesen Ereignissen nichts Näheres bekannt geworden. Genauere Nachrichten erhalten wir erst wieder aus dem Jahre 14 n. Chr., als der Krieg mit den Römern von neuem ausbrach.

Gleich nach dem Tode des Augustus hatte Germanicus, der das meuterische Heer beschäftigen wollte, einen Einfall in das Land der Marser gemacht zu einer Zeit, als diese, nichts ahnend, ein Fest feierten, und ihr Gebiet an der Ruhr und Lenne weithin verwüstet, auch ein Heiligtum der Göttin Tanfana zerstört.

Dann war der römische Statthalter im Frühsommer des Jahres 15 in das Gebiet der Chatten, die im heutigen Hessen wohnten, vorgegangen und hatte auch hier eine Verwüstung des Landes vorgenommen. Bis in die Gegend von Kassel war er vorgedrungen und hatte den Hauptort des Volkes, Mattium, den man in der Altenburg unweit des Dorfes Metze wiederzuerkennen glaubt, in Brand gesteckt.

Alle diese Unternehmungen konnte Armin nicht hindern. Doch wird es seinem Einfluß zuzuschreiben sein, wenn bereits auf dem Zuge gegen die Marser Germanicus von Brukterern, Tubanten und Usipetern überfallen worden war. Ebenso hatten sich im Jahre 15 die Cherusker aufgemacht, um den Chatten zu helfen, und sie waren nur durch den Legaten Cäcina, der mit seinem Heere von Casta Vetera die Lippe und Möhne hinauf und sodann in der Richtung zur Diemel vorgedrungen war, daran gehindert worden.

Unterdessen dauerte der Zwist in der Familie Armins fort. Es war Segestes gelungen, sich Thusneldas zu bemächtigen, die er alsdann auf seiner uns nicht näher bekannten, aber wohl nicht weit von der Grenze des Cheruskerlandes gelegenen Burg gefangen hielt. Das empörte Armin, und er machte sich darum auf, um seine Gemahlin aus den Händen des rachsüchtigen Schwiegervaters zu befreien. Dieser schickte jedoch in seiner Not zu Germanicus und bat um Hülfe. An der Spitze der Gesandtschaft stand Segimund, der sich bei dieser Gelegenheit wieder in den Dienst der Römer stellte und dafür einen Wohnsitz im linksrheinischen Gebiete angewiesen erhielt, aber es nicht hindern konnte, daß er später im Triumphzuge des Germanicus mit einherziehen mußte.

Germanicus war bereits von seinem Feldzuge gegen die Chatten an den Rhein zurückgekehrt. Er brach jedoch sofort auf, um Segestes zu befreien, was um so leichter möglich war, als er auf oft betretenem Wege an der Lippe hinauf in das Land der Cherusker gelangen konnte. Armin stellte sich ihm zum Kampfe, vermochte jedoch nicht zu verhindern, daß die Feste von den Römern entsetzt wurde.

Auf der anderen Seite war aber auch der römische Feldherr nicht imstande, für die Sicherheit seines Schützlings in der Heimat einzustehen. So mußte denn dieser ihn zum Rhein begleiten und sich darin ergeben, daß ihm in Gallien ein Wohnsitz angewiesen wurde. Später genoß er die schmachvolle Ehre, dem Triumphe des Germanicus als Zuschauer beizuwohnen und es mit anzusehen, wie seine nächsten Verwandten, unter ihnen seine eigenen Kinder und sein Enkel, mit im Zuge sich befanden. Die Schätze, die in der Burg des Segestes angetroffen wurden und zum Teil aus der Varianischen Beute bestanden, fielen den Römern als Preis des Sieges zu.

So endigte die Tätigkeit des Mannes, der längere Zeit in den Beziehungen zwischen den Römern und seinen Landsleuten eine hervorragende Rolle gespielt hatte. Wie Segestes durch seine gewaltige Körpergestalt die Blicke der Fremden auf sich zog, so fehlte es ihm nicht an bedeutenden geistigen Fähigkeiten, so daß er seinem Volke zum großen Nutzen hätte werden können. So aber ist er für alle Zeiten ein hervorragendes Beispiel jener Männer geworden, die in der

Bewunderung ausländischen Wesens schließlich an ihrem eigenen Vaterlande zum Verräter wurden.

Mit der Besetzung der Burg des Segestes geriet auch Thusnelda in die Gefangenschaft der Römer, aus der sie nicht wieder befreit werden sollte. Doch stolz und ungebeugt ergab sich das edle Weib in ihr Schicksal, das um so trauriger war, als sie in der Fremde ihren Sohn Thumelikus gebar. Ein trübes Los stand auch dem Knaben bevor. Mit seiner Mutter mußte er den Triumphzug des Germanicus verherrlichen. Später wurde er in Ravenna aufgezogen. Nie hat er seinen Vater gesehen, nie ist er in das Vaterland heimgekehrt.

Man kann sich denken, in welche verzweifelte Stimmung Armin geriet bei dem Gedanken an das Schicksal seines Weibes, wie seines Kindes. Voll leidenschaftlichen Hasses eilte er durch die Lande der Cherusker, überall Waffen gegen Segestes und die Römer fordernd. Das sei ein herrlicher Vater, so sagte er höhnisch, das sei ein großer Feldherr, ein tapferes Heer, das mit so viel Händen ein einziges schwaches Weib fortschleppe. Vor ihm seien drei Legionen und ebensoviele Legaten in den Staub gesunken. Er führe nicht mit Hülfe von Verrat, noch gegen schwangere Frauen, sondern im offenen Kampfe gegen bewaffnete Männer Krieg. Noch sehe man in den Hainen der Deutschen die römischen Abzeichen, die man den heimischen Göttern geweiht habe. Möge immerhin Segestes im besiegten Lande jenseits des Rheins leben, möge er seinem Sohne den Opferdienst, mit dem man Menschen ehre, wiederverschaffen. Die Deutschen würden es niemals verzeihen, daß sie zwischen Elbe und Rhein Ruten und Beile und die Toga gesehen. Andere Völker hätten die römische Herrschaft nicht kennen gelernt und darum mit ihren grausamen Strafen keine Erfahrung gemacht; ihnen seien die Tribute unbekannt geblieben. Nun sie aber dieser Plagen sich entledigt hätten und der unter die Götter versetzte Augustus, der zum Herrscher erkorene Tiberius unverrichteter Sache wieder abgezogen seien, so sollten sie sich doch vor dem unerfahrenen Jünglinge, vor dem aufrührerischen Heere sich nicht fürchten. Wenn ihnen das Vaterland, die Eltern und die alten Zustände lieber seien, als die Gewaltherren und die bisher nicht gekannten Zwingburgen, so sollten sie Armin, der sie zu Ruhm und Freiheit führe, lieber als Segestes, der ihnen schmähliche Knechtschaft bringe, folgen.

Durch solche Reden wurden nicht nur die Cherusker, sondern auch die benachbarten Stämme in Aufregung versetzt. Selbst Armins Oheim, Inguiomer, der sonst sein Gegner war und auf dessen einflußreiche Unterstützung die Römer gehofft hatten, schloß sich diesmal seiner Führung an.

Der Krieg vom Jahre 15 n. Chr.

Um so mehr mußte sich Germanicus auf einen ernsten Kampf gefaßt machen. Mit einem gewaltigen Heere wurde darum der große Feldzug des Jahres 15 ins Werk gesetzt. Sämtliche acht Legionen, zusammen 80 000 Mann, wurden in den Kampf geführt.

Eine solche Heeresmasse konnte nicht auf einer einzigen Straße sich fortbewegen. Auch war es klug, die Feinde über das Ziel der kriegerischen Unternehmung fürs erste in Ungewißheit zu lassen. So wurde denn die Hälfte der Legionen, nämlich das untere Heer, unter Cäcina von Vetera aus auf gerader Straße unweit der friesischen Grenze, aber noch durch das Gebiet der Brukterer, an die Ems gesandt. Die Reiterei begab sich unter dem Präfekten Pedo aus den Gegenden des Rheindeltas durch das Land der Friesen, die in Holland wohnten, ebenfalls dorthin. Der Oberfeldherr selbst fuhr jedoch mit der anderen Hälfte der Legionen zu Schiff durch den Kanal, den Drusus einst zur Verbindung des Rheins und der Yssel angelegt hatte, sowie durch die Seen und die Nordsee in die Ems und weiter den Strom hinauf. So trafen alle Abteilungen an einem Punkte des Flusses zusammen, der bei Rheine angenommen werden muß. Weiter konnten wenigstens wegen der dort befindlichen Stromschnellen die Schiffe nicht gelangen.

Angesichts dieses furchtbaren Heeres schlossen sich die an der unteren Weser wohnenden Chauken den Römern an und unterstützten sie mit ihren Streitkräften. Die Brukterer dagegen mußten, weil sie bei der Unternehmung des Jahres 9 beteiligt gewesen waren, von vornherein die Rache der Römer fürchten, und da sie nicht imstande waren, die Feinde auf ihrem Zuge aufzuhalten, so räumten sie ihre Wohnstätten und legten selbst an ihre Häuser Feuer. So hatte denn der Unterfeldherr Stertinius, der mit leichten Truppen entsandt wurde, um ihr Gebiet zu verwüsten, leichtes Spiel. Auch bereitete es den Römern Freude, daß nach einem glücklichen Kampfe und unter Plündern und Blutvergießen der Adler der neunzehnten Legion, der unter Varus verloren gegangen war, wieder aufgefunden wurde.

Während dessen rückte auch das Hauptheer unter des Germanicus Führung im Gebiete der Brukterer weiter vor, so daß unter dessen Mitwirkung ihr ganzes Land zwischen Ems und Lippe verheert werden konnte. Da das eigentliche Ziel des Feldzugs indessen weiter im Nordosten, wo die Cherusker wohnten, lag, so ergibt sich hieraus, daß das Hauptquartier sich im nördlichen Teile des Bruktererlandes, nämlich am linken Ufer der Ems hinauf, fortbewegen mußte. Bis an das von dem römischen Reiche entfernteste Ende des feindlichen Gebietes, d. h. bis in die Gegend von Harsewinkel, wurde die Verwüstung ausgedehnt und das Hauptquartier selbst bis Wahrendorf vorgeschoben.

Besuch des Teutoburger Schlachtfeldes.

In Warendorf befand man sich nicht mehr weit vom Teutoburger Walde. Deutlich konnte man bereits die Höhen des Gebirges, insbesondere den Dörenberg und hohen Freden, sehen. War es unter diesen Umständen an sich schon der Mühe wert, die Unglücksstätte zu besuchen, so trieb es um so mehr den Feldherrn hierzu, als man ihm meldete, daß daselbst noch immer die Leichen der erschlagenen Römer unbestattet lägen. Ihn erfaßte daher das Verlangen, den gefallenen Kameraden die letzte Ehre zu erweisen. Manche unter den Soldaten hatten einen Verwandten oder Freund daselbst verloren. Sie wünschten darum ebenfalls eine liebevolle Pflicht an ihnen zu erfüllen. In allen aber regte sich das Mitleid mit dem Schicksal der gefallenen Kameraden, das auch einst sie in gleicher Weise treffen konnte.

So wurde denn der Weg nach dem Teutoburger Walde angetreten. Nicht das ganze Heer jedoch nahm an diesem Zuge teil. Vielmehr dehnte Stertinius sein kriegerisches Unternehmen weiter bis zur Grenze des Cheruskerlandes aus, wobei es ihm gelang, Segimer, einen Bruder des Segestes, nebst einem seiner Söhne zur Unterwerfung zu bringen, so daß sie ihn nach Köln begleiteten. Das übrige Heer aber wandte sich nach Norden dem Gebirge zu.

Ehe man auf das Schlachtfeld gelangte, mußten jedoch die Wälder durchsucht und Sümpfe gangbar gemacht werden. Insbesondere war es nötig, das Moor zu überbrücken, das nördlich von Sassenberg zwischen Versmold und Milte in einer Länge von mehreren Kilometern den geraden Weg versperrt. Mit dieser Arbeit wurde Cäcina beauftragt, der deswegen dem Hauptheere voranzog. Überreste der Moorbrücken, nach denen vor 15 Jahren gesucht wurde, haben sich denn auch wirklich dort gefunden.

Nunmehr trat das Heer durch den Paß von Iburg in den Ort der Trauer ein. Ein wehmütiges Gefühl ergriff alle bei dem Anblick dessen, was man sah und bei der Vorstellung der Begebenheiten, die sich dort ereignet hatten.

Noch konnte man das erste Lager des Varus an dem weiten Umfange und den abgesteckten Lagerplätzen wiedererkennen. Man sah, daß hier noch alles für drei Legionen hergerichtet war. Weiterhin erkannte man an dem halbeingestürzten Walle und an dem flachen Graben, daß hier nur noch Trümmer des römischen Heeres sich gelagert hatten.

Mitten auf dem Felde lagen noch die bleichenden Gebeine, je nachdem die Unterlegenen geflohen waren oder noch Widerstand geleistet hatten, vereinzelt oder in dichten Haufen. Daneben fand man Bruchstücke von Waffen und Glieder von Pferden, ebenso Schädel, die an den Baumstämmen angeheftet waren. In dem nahen Haine standen noch die Altäre der Germanen, an denen man Tribunen und Hauptleute geopfert hatte, und Leute, die die Unglücksschlacht überlebt hatten und aus dem Kampfe oder der Gefangenschaft entkommen waren, berichteten, hier seien die Legaten gefallen, dort die Adler erbeutet; sie erzählten, wo dem Varus die erste Wunde beigebracht worden sei, wo er durch seine unselige Rechte und durch eigenen Stoß den Tod gefunden habe, auf welchem erhöhten Platz Armin eine Rede an das Heer gehalten habe, welche Galgen den Gefangenen errichtet, welche Gruben aufgeworfen worden seien und wie er mit den Feldzeichen und Adlern übermütig seinen Hohn getrieben habe.

So begrub man denn nach sechs Jahren die Gebeine dreier Legionen, ohne daß die Soldaten erkennen konnten, ob man die Überreste fremder oder der eigenen Angehörigen mit Erde bedeckte, alle, als gehörten sie in dasselbe Grab, als seien sie blutsverwandt, voll wachsender Erbitterung gegen die Feinde, so daß sich Trauer und Kampflust in ihren Herzen vereinigten.

Natürlich bestattete man die Leichen, wo man sie eben auf der weiten Strecke fand. Zum Andenken an die Gefallenen errichtete man jedoch einen Hügel, den man mit

Rasen zudeckte, und der Oberfeldherr ließ es sich nicht nehmen, zuerst selbst Hand an das Werk zu legen, indem er so nicht nur einen frommen Dienst den Gefallenen erwies, sondern damit auch seine Teilnahme an der Trauer bekundete, die die Anwesenden ergriffen hatte.

Gewiß ließ sich Germanicus bei dem Besuch der Walstatt und der Bestattung der Kameraden von edlen Empfindungen leiten. Gleichwohl billigte der Kaiser Tiberius sein Verhalten nicht, mochte er nun meinen, daß der Anblick so vieler unbestatteten Leichen auf die Tatkraft der Soldaten von lähmendem Einfluß gewesen sei und die Furcht vor den Feinden vermehrt habe, oder daß ein Oberfeldherr, der die altgeheiligten Weihen empfangen habe, sich mit Leichenbestattungen nicht habe befassen dürfen.

Die Schlacht von Barenau.

Bis dahin hatte Armin die Römer nicht behelligt. Vielleicht hatte er das deutsche Heer in der Gegend von Iburg nicht erwartet; vielleicht hielt er bei der veränderten Lage den Kampfplatz im Teutoburger Walde diesmal nicht für geeignet. Bald aber zeigte er sich den Feinden, und Germanicus säumte auch nicht, sich ihm zu nähern, obwohl der Marsch durch unwegsame Gegenden führte.

Armin aber wich ihm zunächst wieder aus, nicht etwa aus Furcht, sondern in der Absicht, die Feinde auf ein für ihn günstiges Gelände zu locken.

Germanicus hatte sich vermutlich darauf gefaßt gemacht, daß die Deutschen sich weiter nach Osten in das Cheruskerland zurückziehen würden. Armin aber verließ die natürliche Rückzugslinie und wählte eine Stellung, die es ihm ermöglichte, wenn die Römer ihren Zug zur Weser fortsetzten, den Feinden in den Rücken zu fallen. Hierzu durfte es allerdings der römische Feldherr nicht kommen lassen. Vielmehr mußte er versuchen, unter allen Umständen den Deutschen vor seinem weiteren Zuge eine Niederlage beizubringen. Darum folgte er ihnen nach wie vor in der Richtung, die sie eingeschlagen hatten.

Die Wahl des Schlachtfeldes beweist wiederum die große Feldherrntüchtigkeit des deutschen Heerführers. Nördlich von Osnabrück verengt sich bei Barenau auf der Straße zwischen Engter und Venne das Gelände. Auf der Südseite erheben sich die Berge, auf der Nordseite dehnt sich in ungeheurer Breite das große Moor aus, derart, daß der ebene und gangbare Raum an der engsten Stelle nur einige hundert Meter breit ist, während der ganze Engpaß eine Länge von etwa 5 Kilometer hat.

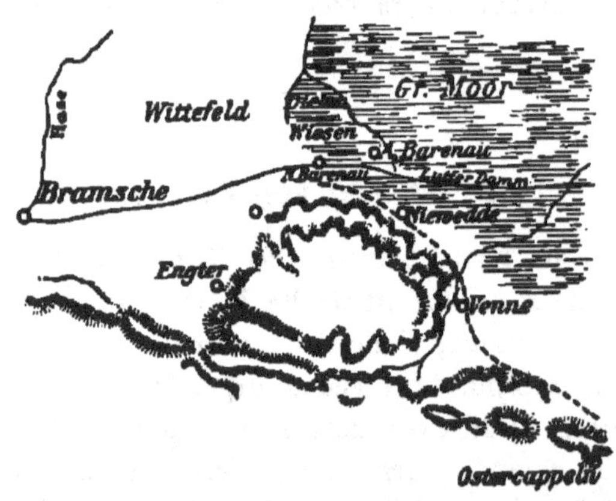

Skizze 2.

Die Berge fallen nicht sehr steil zur Ebene ab, so daß ein Angriff von dieser Seite sehr wirksam sein mußte. Der Rand des Moores ist noch gegenwärtig durch Wald verdeckt, so daß dem, der sich von Venne her dem Orte nähert, das Vorhandensein des ausgedehnten Sumpfes völlig verborgen bleibt. In alten Zeiten wird das vermutlich ebenso gewesen sein. Auch im Westen nach Bramsche zu schloß einst erwiesenermaßen ausgedehnter Wald die ganze Ebene ab.

Ein Durchgang wird von jeher dort bestanden haben. Namentlich ist eine alte Heerstraße, der sog. Lutterdamm, in der Richtung von der Hase nach Hunteburg und Lemförde am Rande des Moores entlang auf sandigem Boden nachgewiesen. Nicht minder ist aber auch in der Richtung der heutigen Chaussee von Engter nach Venne eine Wegeverbindung für die Zeit der Römerkämpfe anzunehmen. In diesem Engpasse gedachte Armin den Feinden eine entscheidende Schlacht zu liefern.

Die Römer waren arglos den zurückweichenden Deutschen gefolgt. Als sie aber in den Paß einrückten, fanden sie ihn anscheinend durch feindliche Streitkräfte gesperrt. Sofort bot daher Germanicus Reiterabteilungen auf, um durch sie das Feld zu säubern. Armin aber zog die Truppen, die gewiß ebenfalls aus Berittenen bestanden, aus dem ebenen Gelände in westlicher Richtung bis an die vorgenannten Wälder zurück. Dadurch wurde der Paß frei, und die römischen Reiter drangen ungehindert in ihn ein.

Das hatte Armin gewollt. Denn nun machten die Deutschen vor dem Walde plötzlich kehrt und eröffneten mit den Römern den Kampf. In demselben Augenblicke aber brachen auf ein gegebenes Zeichen neue Truppen, die sich bisher in den Wäldern der Berge südlich des Passes verborgen gehalten hatten, von der Höhe nieder und warfen sich den Feinden in die Flanke. So gerieten diese in Verwirrung. Nun sandte Germanicus zwar Kohorten der bundesgenössischen Truppen der bedrängten Reiterei zu Hülfe, aber auch diese wurden in die Niederlage verwickelt und durch die Fliehenden mit fortgerissen, so daß sie die Bestürzung nur noch steigerten.

Da der Hauptstoß des deutschen Heeres von den Bergen her erfolgte, so war es natürlich, daß die fliehenden Römer nach Norden auszuweichen suchten. Hier aber wurden sie plötzlich in ihrer Bewegung durch das große Moor gehemmt, das den Siegern wohlbekannt, aber den Römern verborgen geblieben war. Man kann sich demnach die Lage vorstellen, wie die einen in den Sumpf getrieben wurden, viele aber dem Schwerte der Deutschen erlagen, während ein Teil der Fliehenden allerdings, namentlich auf dem erwähnten Lutterdamme, in nordöstlicher Richtung sich zu retten suchte. Einige Heerhaufen werden auch in nordwestlicher Richtung nach dem Wittefelde zu abgesprengt worden sein.

Es war ein Glück für die Römer, daß bis dahin der Kern ihres Heeres, die Legionen, noch unversehrt geblieben war, wenn auch ein großer Teil des Heeres bereits sich eine blutige Niederlage zugezogen hatte. Germanicus säumte denn auch nicht, die Legionen den Feinden, die über den Paß hinaus die Verfolgung aufgenommen hatten, entgegenzuwerfen. Vor ihnen wichen denn auch diese nach hartem Kampfe in den Paß zurück. Das Treffen wurde somit wiederhergestellt und konnte mit gewissem Recht als unentschieden bezeichnet werden.

In Wirklichkeit aber bedeutete die Schlacht bei Barenau eine verhängnisvolle Niederlage für die Römer. Sie hatten einen großen Teil der Reiterei nebst den bundesgenössischen Kohorten eingebüßt, und wenn auch die Deutschen schließlich vor den Legionen das offene Feld wieder hatten räumen müssen, so blieben sie doch, was die Hauptsache war, im Besitz des Passes, und Germanicus war nicht imstande, sie daraus zu vertreiben.

Mit dieser Darstellung, wie sie sich aus dem Bericht des Tacitus ergibt, stimmen die Funde jener Gegend überein. Seit Jahrhunderten hat man nämlich auf dem Schlachtfelde, und zwar auf der ganzen Linie zwischen Engter und Venne, aber auch in den nordwestlich gelegenen sogenannten „dieven Wiesen", sogar auf dem Wittefelde, und anderseits wieder am Moore entlang bis nach dem Hunteburger Kirchspiele hin eine Menge römischer Münzen gefunden, von denen ein großer Teil noch jetzt der Sammlung des Herrn Erblanddrost von Bar auf Barenau angehört. Die Auffindung dieser Gegenstände hat auch jetzt noch keineswegs ihr Ende gefunden, und erst in den letzten Jahren wurden wieder römische Goldmünzen auf dem Acker unweit des Hofes Niewedde aufgelesen.

Schon im achtzehnten Jahrhundert vertraten deswegen angesehene Gelehrte die Meinung, daß dort eine Römerschlacht — man dachte an die des Jahres 16 n. Chr. — stattgefunden habe. Zacharias Goeze kannte die Barenauer Sammlung und bezeugte im Jahre 1698, daß neben Münzen aus republikanischer Zeit solche der Kaiser Augustus und Tiberius sich unter ihnen befunden hätten. Justus Möser aber, der die Schlacht ebenfalls in das Jahr 16 n. Chr. verlegt, fügte nach eigener Prüfung der Gegenstücke 1768 die Mitteilung hinzu, daß keine der Münzen „das Zeitalter dieser Periode übersteige“. Im Einklang hiermit stehen denn auch die neueren Funde, soweit sie bekannt geworden sind. Auch die der Jahre 1904 und 1908 sind Goldmünzen aus der Zeit des Kaisers Augustus.

Es herrscht denn auch darüber heute kein Zweifel mehr, daß das massenhafte Vorkommen solcher Geldstücke, insbesondere der augusteischen Goldmünzen, nur durch eine große Schlacht, in der die Römer empfindliche Verluste erlitten haben müssen, erklärt werden kann. Eine andere Schlacht als die des Jahres 15 n. Chr. kann aber nicht in Frage kommen.

Nicht nur Münzen wurden übrigens dort gefunden, sondern auch nach sicheren Mitteilungen andere Gegenstände des Kriegsbedarfs. Ein römisches Hufeisen z. B. und ein dreiarmiger römischer Bronzehaken, der vermutlich zum Tragen des Gepäcks diente, fanden sich auf demselben Acker, wo ein Denar aus den Zeiten des Augustus lag.

Nachdem es Germanicus nicht gelungen war, die Deutschen aus dem Passe von Barenau hinauszuschlagen, blieb ihm allerdings nichts weiter übrig, als den Rückzug anzutreten. Nun aber zeigte sich, in welche schwierige Lage die Römer durch die geschickte Kriegskunst Armins geraten waren. Der gerade Weg zur Ems war dem Heere abgeschnitten. Germanicus hat auch gar nicht den Versuch gemacht, die Gegner aus dem Passe zu vertreiben. Nach Süden auszuweichen und denselben Weg wieder einzuschlagen, den man gekommen war, konnte unmöglich gewagt werden. Die Deutschen würden dann auch eher zur Ems gekommen sein und die römische Flotte dort vernichtet haben.

So blieb denn nichts weiter übrig, als nach Norden auszuweichen und, indem man das große Moor umging, zur unteren Ems zurückzukehren, wohin sich die Flotte ebenfalls begeben konnte.

Aber dieser Zug, der einzige, der dem Heere noch offen stand, war doch mit der Gefahr verbunden, daß Armin sich auf seine linke Flanke stürzte und auch so noch immer imstande war, die Flotte zu zerstören. Darum mußte, während das Hauptheer mit den Verwundeten und dem großen Troß auf einer nördlichen Linie sich zurückbegab, ein Teil des Heeres auf die linke Seite geschickt werden, um den Angriff der Feinde auf sich zu ziehen. Die Lösung dieser schwierigen Aufgabe wurde dem bewährtesten der Legaten, Cäcina, der ja ohnehin nicht mit der Flotte heimgelangen konnte, übertragen. Bis Diepholz durften die Heere noch beisammenbleiben. Dann aber trennte man sich.

Das Hauptheer setzte denn auch zunächst über Barnstorf seinen Weg weiter fort, umging das große Moor und gelangte unbehelligt, sei es bei Meppen oder weiter nördlich, an die Ems. Hier bestieg Germanicus die Flotte und fuhr mit den Legionen, wie er gekommen war, den Strom hinunter, während die Reiterei, die ihn begleitete, weil man jetzt an einer weiter unterhalb gelegenen Stelle die Ems erreicht hatte, nicht wieder auf dem Wege, den sie bei Beginn des Feldzugs eingeschlagen hatte, den Rückzug antrat. Sie konnte aber auch nicht durch das Bourtanger Moor hindurchgelangen. Darum mußte sie mit Umgehung dieses Moores an der Küste der Nordsee entlang zu dem Rheindelta ihren Weg einschlagen.

Die Kämpfe bei den langen Brücken.

Nordwestlich von Diepholz zwischen Mehrholz und Brägel befanden sich Moorbrücken, die einst der römische Feldherr Domitius Ahenobarbus angelegt hatte. Das Moor verengt sich hier bis auf wenige Kilometer, und diese Stelle ist daher gar oft zum Übergange von Heeren benutzt worden. Bewerkstelligte Cäcina über diese Brücken seinen Rückzug, dann konnte er in westlicher und später südwestlicher Richtung ebenfalls zur Ems gelangen und diese bei Rheine, wo sich ein fester Brückenkopf befunden haben wird, erreichen.

Auf diese Weise ließ es sich verhindern, daß sich Armin auf das Hauptheer stürzte, mit dem übrigens Cäcina zunächst die Verbindung unterhalten konnte. Aber der Übergang über das Moor war gefährdet, wenn die Deutschen die Absicht der Feinde merkten. Darum beeilte man sich, die Brücken rechtzeitig zu besetzen.

Der Legat gelangte von Diepholz aus mit seinen vier Legionen nach etwa $1^3/_4$ Stunden an den Ort der Brücken. Germanicus mochte, als er ihm die im übrigen den Römern bekannte Wegerichtung vorschrieb, der Meinung gewesen sein, daß die Brücken noch in gangbarem Zustande sich befänden. Daß das nicht der Fall war, kam deswegen der Kriegsleitung überraschend, war aber bei den gegebenen Verhältnissen durchaus erklärlich.

Moorbrücken sind in den verschiedensten Gegenden Deutschlands angelegt worden. Sie finden sich nicht nur vielfach in den Sumpfflächen der nordwestdeutschen Tiefebene, sondern auch in anderen Gegenden unseres Vaterlandes bis nach Preußen hin. Auch reicht ihr Alter zum Teil in sehr frühe Zeit zurück. So liegt etwas nördlich der Chaussee Diepholz-Lohne, in der Richtung von Nordosten nach Südwesten verlaufend, eine solche Brücke bis 5,60 Meter tief unter der Oberfläche, während eine andere, gleichfalls alte Brücke in einer Höhe von 4 Meter über sie hinweggebaut ist. Jene Brücke muß also in uralten Zeiten angelegt sein. Anderseits hat man auch im Mittelalter nicht aufgehört, hölzerner Moorwege sich zu bedienen.

Aber während die vorgeschichtlichen Brücken aus dicken, vierkantigen Brettern oder in der Mitte gespaltenen, ja auch rund gelassenen Hölzern bestehen, die nebeneinandergelegt wurden, haben die römischen Anlagen die Eigentümlichkeit, daß die Stämme, aus denen man die Bohlen nahm, regelmäßig, wenn auch nicht immer, nach dem Kern zu gespalten wurden, so daß sie eine keilförmige Gestalt erhielten. Diese wurden dann so miteinander verbunden, daß die dicken Kanten über die dünnen übergriffen. Außerdem befestigte man sie, wenn auch nicht regelmäßig, seitwärts noch durch Pflöcke. Wo der Boden besonders morastig war, stellte man eine Unterlage aus Brettern und Reisig her. Anderseits bedeckte man die Bohlen, um die Unebenheiten auszugleichen, von oben her mit Plaggen, so daß damit eine Schichtung verschiedener Gegenstände übereinander, was die Römer Agger nannten, erzielt wurde. Wo aber fließende Gewässer zu überbrücken waren, bildete man einen förmlichen Rost, der auf starken, bis in den sandigen Untergrund eingerammten Pfählen ruhte, wobei man eine außerordentliche Technik, die auch der Mannigfaltigkeit nicht entbehrte, aufzuweisen wußte.

Mit solchen kunstvoll hergerichteten Werken lassen sich weder die vorgeschichtlichen noch die nachrömischen Anlagen vergleichen.

Von den sorgfältig hergestellten Brücken finden sich nun in einer Breite von durchschnittlich 3 Meter und einer Länge von über 2 Kilometer mehrere zwischen den Orten Mehrholz und Brägel, in der Richtung von Osten nach Westen verlaufend, die wir nach ihrer Bauart schon als römische Anlagen bezeichnen müssen.

Nun hat aber das Moor bekanntlich die Eigentümlichkeit, daß es nicht unbedeutend in die Höhe wächst, und wenn, wie es natürlich ist, ein Bohlweg beim Überführen schwerer Lasten sich gesenkt hat, so füllt sich die

Vertiefung immer wieder nach kurzer Zeit. Dazu kommt, daß die Bretter, wo sie offen lagen, mit der Zeit vermodern mußten, ganz abgesehen davon, daß auch eine gewaltsame Zerstörung vorkommen konnte. Daher erklärt es sich, daß man zu den verschiedenen Zeiten sich genötigt sah, immer wieder von neuem an jener Stelle das Moor zu überbrücken, denn ein stehender Verkehr auf denselben Wegen war unmöglich.

Die Beschreibung, die der römische Schriftsteller Tacitus von der Örtlichkeit der langen Brücken — so nennt er die von Domitius angelegten Bohlwege — gibt, stimmt nun

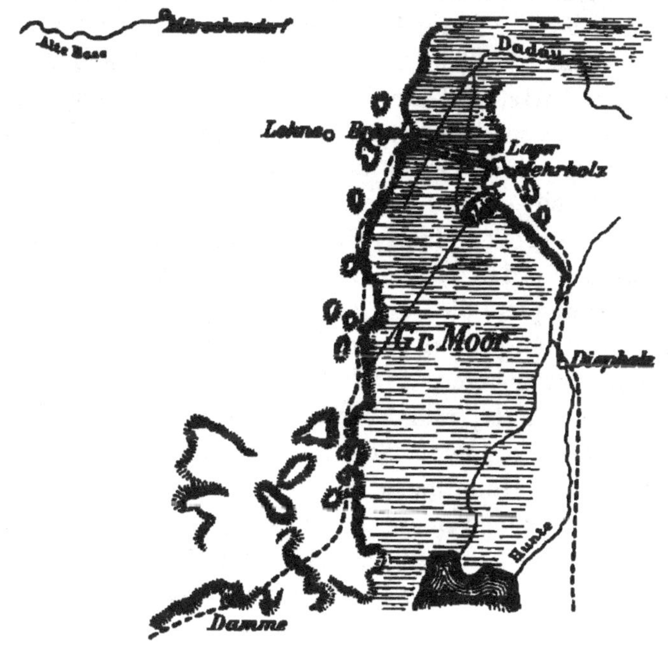

Skizze 3.

genau zu dem Gelände, das bei Mehrholz und Brägel sich unseren Blicken auftut. Die Brücken bilden einen engen Übergang zwischen ungeheueren Sümpfen. Alles rechts und links davon besteht aus einer schlammigen und kotigen

Masse. Auch kleine Bäche fließen quer durch das Moor, so daß man sie zu überbrücken hatte. Rings um die Niederung steigt der Boden zu allmählicher Höhe an, noch jetzt stellenweise mit Holz bestanden. Früher waren die Hügel mit dichtem Wald bedeckt.

Aber die Moorübergänge des Domitius, die Cäcina benutzen sollte, waren natürlicherweise in einem Zustande, daß sie, zumal mit Roß und Wagen, nicht ohne weiteres benutzt werden konnten. Man mußte sie ausbessern oder neue Wege bauen. Das aber verursachte einen längeren Aufenthalt.

In demselbem Augenblicke erschienen aber auch schon die Deutschen. Armin hatte die ganze Zeit hindurch die Feinde nicht aus den Augen gelassen. Nachdem er sich überzeugt hatte, daß die Römer nach Norden abgezogen, war auch er von seiner Stellung bei Barenau aufgebrochen. Er brauchte die Feinde nicht im Rücken zu verfolgen. Er konnte sie leichter erreichen, wenn er auf der Straße westlich des großen Moores über Vörden und Damme ebenfalls nach Norden eilte. Von den Dammer Bergen aus konnte er bequem die Bewegugnen des gegnerischen Heeres beobachten, und da er einen kürzeren Weg zurückzulegen hatte, so war er bereits zur Stelle, als Cäcina bei den langen Brücken anlangte, und konnte ungestört die Waldhöhen umher besetzen, nicht bloß im Westen des Moores, wo natürlich die Hauptmasse des Heeres festen Fuß faßte, sondern auch zum Teil auf der Ostseite, wo in die Niederung vorspringende Landzungen das Gelände scheinbar abschlossen und wohin die Deutschen zu Fuß auch ohne Benutzung von Wegen gelangen konnten.

Unter diesen Umständen blieb Cäcina nichts weiter übrig, als vor dem Ende der langen Brücken auf dem sandigen Felde, das sich an dieser Stelle in genügender Größe ausbreitet, ein Lager aufzuschlagen. Dann hatte man wenigstens einen sicheren Halt, und es konnten nun unter den Soldaten die Rollen so verteilt werden, daß die einen das Werk des Brückenschlagens angriffen, während die anderen die Feinde abzuwehren hatten.

Die Spuren dieses Lagers haben sich denn auch wirklich, und zwar zunächst auf dem Grundstücke des Großbauern Mehrholz vor den langen Brücken noch erhalten. Der Spitzgraben des Lagers läßt sich dort noch deutlich im Acker verfolgen. Er umschloß einen Raum von 20 Hektar, gerade groß genug, um ein Heer von 4 Legionen aufzunehmen. Eine eingehende Nachforschung nach Kleinfunden konnte auf diesem weiten Raume bisher nicht vorgenommen werden. Es fand sich aber doch in der Spitze des Grabens neben Eisenstücken auch eine Scherbe römischer Zeit.

Nach Ankunft der Deutschen hatten die Römer natürlich einen schweren Stand. Denn sie mußten das nötige Holz in den benachbarten Wäldern fällen und behauen, die Bohlen in das Moor schaffen und die Brücken legen. Die Deutschen aber waren unermüdlich. Sie durchbrachen die römischen Postenketten, drängten sich zwischen die bei dem Wegebau Beschäftigten, reizten sie zum Kampfe und umzingelten sie dann oder drangen auf die Abteilungen ein.

Durcheinander tönte der Ruf der Arbeiter wie der Kämpfer. Dabei war alles den Römern hinderlich. Der Boden war tief sumpfig. Legte man sich zum Kampfe aus, so konnte man nicht stehen, wollte man vorwärtsschreiten, so glitt man aus; die mit dem Panzer beschwerten Soldaten sanken ein, und die Pilen, mit denen man hätte werfen können, reichten nicht über die offenen Gewässer, die zwischen der moorigen Fläche sich befanden.

Auf der anderen Seite waren die Cherusker an die Kämpfe in den Sümpfen gewöhnt. Ihre Glieder waren schlank, ihre Speere von gewaltiger Länge, so daß man auch aus der Ferne den Feinden Wunden beizubringen imstande war.

Daß hier im Moore einst ein Kampf stattgefunden hat, erkennt man noch jetzt an den Gegenständen, die neben den Brücken aus dem Boden jahraus, jahrein ausgegraben werden. Wiederholt haben sich Reste von Waffen, namentlich Lanzenspitzen, dort gefunden. Noch im Jahre 1908 war das mit einer eisernen Speerspitze der Fall, die nach ihrer Gestalt den römischen Waffen augusteischer Zeit zugewiesen werden muß. Von Wichtigkeit ist auch der Fund einer römischen Nadel von Silber, der ebenso beweist, daß es Römer waren, die sich dort aufgehalten haben. Ferner wurden Gegenstände von Holz, Bruchstücke von altertümlichen Rädern und andere Wagenstücke, sowie Teile von Wurfmaschinen ausgegraben. Auch die Augustusmünzen, die in größerer Zahl nordöstlich und südlich der langen Brücken im Moore aufgefunden wurden, müssen mit jenen Kämpfen in Zusammenhang gebracht werden.

Besonders wichtig ist der Fund von irdenen Gefäßresten, die in Menge neben den Brücken an das Tageslicht gekommen sind. Zum Teil haben die Urnen zur Aufnahme von Asche gedient, zum großen Teil aber befanden sich die Gefäße, als man sie antraf, bereits in zerbrochenem Zustande. Die Scherben lagen im Moore umher, und zwar regelmäßig in derselben Tiefe wie die Brücken. Die Gegenstände sind also bereits zu der Zeit, als die Moorübergänge hergestellt wurden, und wahrscheinlich infolge der Kämpfe, die sich dort entspannen, zertreten worden. Nach sachkundigem Urteil stammen sie aus der Zeit der Römerkriege.

Von Bedeutung ist auch, daß — wiederum in derselben Tiefe wie die Brücken — an einer Stelle ein größerer Aschenhaufen, angeblich eine halbe Wagenladung, sich vorfand, hier also vermutlich eine Verbrennung von Leichen der in den Kämpfen Gefallenen stattgefunden hat.

Erst die Nacht entzog die bereits weichenden Legionen dem unglücklichen Kampfe. Aber es gönnten sich die Deutschen, die der bisherige Erfolg zu unermüdlichem Eifer angetrieben hatte, auch jetzt noch keine Ruhe, vielmehr leiteten sie alles Wasser, das auf den Höhen ringsumher entspringt, in die Niederungen. Denn es ist eine

Eigentümlichkeit namentlich der Bergkette auf der Westseite des Moors, daß dort vielfache Quellen zutage treten. Diese senden heute zum Teil ihr Wasser zur Hase hin nach Westen, und zwar in so starkem Maße, daß z. B. gegenüber Lohne eine dieser Quellen sofort eine Mühle zu treiben imstande ist. Das Wasser dieser Quelle ist jedoch zum Teil nachweislich der Ostseite der Berghöhen auf künstlichem Wege entzogen worden. In wenigen Stunden konnte man aber auch umgekehrt die westlich entspringenden Gewässer dem Moore zuführen.

So sammelte sich denn das Wasser aus den Bergen an den Brücken und machte diese ungangbar. Da die Bretter vielfach glatt auf den Boden gelegt waren, ohne sie durch Pflöcke zu befestigen, so brauchte sich das Wasser auf einzelnen Strecken nur wenige Zentimeter hoch vor den Brücken anzusammeln. Das genügte, um die Hölzer abzutreiben. So wurde denn der Boden überschwemmt und mit Gewässer überschüttet, was bis dahin von dem Werke hergestellt worden war, so daß die Soldaten am anderen Morgen mit der Arbeit wieder von vorn anfangen mußten. Damit ging der zweite Tag hin, bis man endlich gegen Abend fertig wurde.

In der Frühe des folgenden Tages sollte der Übergang über die langen Brücken ausgeführt werden. Es waren hierfür alle Vorbereitungen getroffen. Das, was von den dortigen Übergängen noch vorhanden ist, läßt es nicht genau erkennen, auf wieviel Wegen der Marsch stattgefunden hat. Vermutlich waren es ihrer drei. Zwei von ihnen sind jedenfalls in einer Entfernung von etwa 50 Meter nebeneinander an verschiedenen Stellen, der dritte an einer Stelle in Resten nachgewiesen worden.

Ursprünglich mochte der Plan bestanden haben, jenseits des Moores in westlicher Richtung den Rückzug zunächst weiter fortzusetzen. Dies erschien indessen jetzt unmöglich, da die Deutschen die dortigen Höhen besetzt hielten und anscheinend durch Verschanzungen gesichert hatten. So mußte denn eine Straße in südlicher Richtung eingeschlagen werden, die am westlichen Rande des Moores zwischen den Bergen und Sümpfen auf ebenem Boden weiterführte, die aber breit genug war, um dem Heere einen Zug in geordneter Linie zu ermöglichen.

Nur war die Schwenkung am westlichen Ende der Brücken bei der Nähe der Feinde mit besonderen Gefahren verbunden. Darum sollten diese in den dortigen Wäldern solange abgewehrt werden, bis die Verwundeten und der schwere Troß voraufgezogen wären. War die Schwenkung durchgeführt, dann sollte das Heer im Viereck weiterziehen, wobei man das Gepäck in die Mitte nahm. Von den vier Legionen wurde die fünfte für die rechte und die einundzwanzigste für die linke Flanke bestimmt, die erste Legion sollte den Zug eröffnen und die zwanzigste ihn schließen. Vermutlich galt diese Anordnung auch für den Übergang über die Brücken, falls diese, wie anzunehmen, ihrer drei waren. In dieser Weise war von Cäcina alles für den nächsten Tag — es war der dritte Schlachttag — vorbereitet.

Die Deutschen verhielten sich jedoch auch in der Nacht, die auf den zweiten Tag folgte, keineswegs ruhig. Sie feierten vielmehr in der Hoffnung auf die völlige Vernichtung des Feindes ein Gelage, und ihre lustigen Lieder, die sie mit rauher Stimme sangen, ertönten weithin über die Niederung, hallten wider in den Wäldern der Höhen.

Auch die Römer vermochten nicht zu schlafen. Denn sie befanden sich in trüber Stimmung. Die Wachtfeuer brannten matt; mitten im Gespräch horchte man auf vor Schrecken; die einen lagerten ohne Ordnung an dem Walle oder lungerten vor den Zelten, ohne zu schlafen, und doch wieder auch nicht munter wachend.

Auch der Oberfeldherr hatte einen schrecklichen Traum. Es deuchte ihm, er sähe Quinctilius Varus, wie er mit Blut überlaufen aus dem Sumpf emportauchte; er vermeinte ihn zu vernehmen, wie er ihn rief, ohne daß er jedoch auf ihn hörte; das Traumbild wollte nach ihm greifen; doch er wies dessen Hand zurück. So spiegelte sich in Vorahnung der Gefahren, die ihm bei dem bevorstehenden Übergange über das Moor drohten, die Angst des Feldherrn in seinem Traume wieder.

Als der Tag begonnen hatte, verließen die mit der Deckung der Flanken beauftragten Legionen, sei es aus Furcht oder weil sie mit Absicht sich dem Befehl widersetzten, die ihnen angewiesene Stellung und beeilten sich, jenseits des Moores auf dem Felde festen Fuß zu fassen. Armin hätte bereits diese Gelegenheit zu einem Angriff auf die Feinde benutzen können. Er wartete jedoch auf einen noch günstigeren Augenblick.

Die schmale Ebene zwischen den Bergen und dem Moore, auf der der weitere Rückzug angetreten wurde, war keineswegs eine gebahnte Straße. Dazu war sie durch Gräben mehrfach gesperrt, so daß die Römer es nicht vermeiden konnten, zuweilen nach dem Moore hin weiter auszuweichen. So kam es, daß die Wagen in dem Sumpfe und den von den Deutschen absichtlich aufgeworfenen Gräben stecken blieben. Der Zug geriet in Verwirrung; es zeigte sich Unsicherheit in den Signalen; jeder eilte auf eigene Faust weiter, und die Ohren der Leute waren taub gegen die Befehle.

Das war für Armin der rechte Augenblick, um loszustürmen. Unter dem Ruf: „Da haben wir wieder Varus und die dem gleichen Schicksale verfallenen Legionen" durchbricht er an der Spitze auserlesener Mannschaften den Heereszug der Römer. Mit besonderer Vorliebe stürzt man sich auf die Pferde. Diese gleiten in ihrem Blute wie auf dem schlüpfrigen Boden aus und werfen ihre Reiter ab. Vor ihnen läuft man auseinander. Was auf der Erde liegt, wird von den Hufen zertreten. Besondere Mühe machen die Adler, die man weder gegen den Hagel der Geschosse weitertragen noch in dem morastigen Boden aufpflanzen konnte.

Cäcina suchte sich im Kampfe zu behaupten, aber ihm wurde das Pferd unter dem Leibe erstochen. Er stürzte, und die Feinde umzingelten ihn bereits. Nur dadurch, daß die erste Legion sich ihnen entgegenwarf, wurde er gerettet. Es kam den Römern die Beutelust der Deutschen zustatten, indem diese vom Morden abließen und sich über das Gepäck hermachten. Endlich, als es schon dämmerte, gelang es den Legionen, sich auf offenes und festes Erdreich durchzuschlagen.

Aber auch jetzt noch war das Ende der Drangsale nicht gekommen. Man mußte den Lagerwall aufwerfen. Hierzu aber war erst Holz und Rasen herbeizuschaffen. Dabei waren zum großen Teil die Geräte, mit denen man die Erde ausschöpfte oder die Plaggen losstieß, verloren gegangen. Die Manipeln hatten keine Zelte mehr; für die Verwundeten war kein Verbandszeug da. Die Speise, die man unter sich verteilen mußte, war mit Schmutz oder Blut besudelt, und man jammerte, daß die Nacht ihnen als eine Todesnacht erschiene, daß soviel tausend Männer nur noch einen Tag zu leben hätten.

Zufällig riß sich ein Pferd los, lief umher, wurde, als die Leute schrieen, flüchtig und trat einige, die ihm in den Weg kamen, nieder. Nun geriet alles in Bestürzung. Man glaubte, die Deutschen seien in das Lager eingedrungen. Man eilte zu den Toren, namentlich wandte man sich dem Hintertore zu, das auf der dem Feinde abgekehrten Seite sich befand und darum den Fliehenden größere Sicherheit versprach.

Der Legat, der erfahren hatte, daß die Angst der Leute unbegründet war, versuchte es mit Drohungen und Bitten. Alles vergeblich. Er stellte sich ihnen in den Weg, suchte sie mit eigener Hand zurückzuhalten. Nicht einmal das wollte helfen. Da warf er sich der Länge nach auf der Schwelle des Tores nieder und versperrte so den Weg. Jetzt erst nahm man Rücksicht. Über seine Leiche wollte man doch nicht hinwegtreten. In demselben Augenblicke bedeuteten auch die Tribunen und Hauptleute der Menge, daß man ohne Grund sich ängstige.

Nun ließ Cäcina die Soldaten auf dem Lagerplatze antreten, gebot Schweigen und ermahnte sie, daran zu denken, was Zeit und Not erheischten. Nur in den Waffen beruhe ihre Rettung. Doch müsse man sie mit Klugheit handhaben und innerhalb der Wallbefestigung bleiben, bis die Feinde in der Hoffnung, sie erobern zu können, sich dem Lager näherten. Dann müsse man von allen Seiten einen Ausfall machen. Nur wenn sie diesen versuchten, gelange man zum Rhein. Wenn sie dagegen flöhen, so warteten ihrer noch mehr Wälder, noch tiefere Sümpfe, dann hätten sie es mit der Erbitterung der Feinde zu tun. Siegten sie dagegen, so ernteten sie Ehre und Ruhm. Was sie zu Hause Liebes, was sie im Lager Ehrenvolles besäßen, führte er ihnen zu Gemüte. Von den Gefahren schwieg er. Dann übergab er die Pferde den Legaten und Tribunen ohne Rücksicht — bei seinen eigenen machte er den Anfang — den tapfersten Kriegern, damit diese zuerst und dann das Fußvolk auf die Feinde einen Angriff machten.

Die Deutschen waren unterdes nicht weniger in Aufregung. Sie hofften ja auf den Sieg und verlangten nach dem Kampfe. Dazu war ein Zwiespalt unter den Führern ausgebrochen. Armin machte den sehr vernünftigen Vorschlag, man solle die Feinde ruhig abziehen lassen, und wenn sie das Lager verlassen hätten, wiederum auf feuchtem und schwer gangbarem Boden sie umzingeln.

Inguiomer aber riet zu kühnerem Wagnis, was den Deutschen besser gefiel. Er sagte, man solle den Wall mit den Waffen in der Hand rings angreifen; dann falle ihnen das Lager von selbst zu; dann werde es mehr Gefangene, eine unversehrte Beute geben.

So stürzen sie denn am nächsten Morgen die Gräben zu. Sie werfen Flechtwerk hinein, zerren an den Enden der Schanzpfähle, während nur wenige Soldaten sich oben zeigen, die noch dazu scheinbar aus Furcht unbeweglich bleiben. Dann aber, als die Angreifer in den Verschanzungen sich verwickelt hatten, da wird den Kohorten das Zeichen gegeben, und es ertönen die Hörner und Trompeten. Nun fallen die Römer mit Geschrei und Ungestüm den Deutschen in den Rücken, indem sie ihnen höhnisch zurufen: hier gebe es nicht Wälder noch Sümpfe, sondern hier sei die Örtlichkeit für beide gleich günstig, hier seien die Götter beiden in gleicher Weise zugetan.

Die Deutschen hatten sich gedacht, sie könnten die Feinde bequem vernichten, ihrer seien nur wenige und auch diese nur noch zur Hälfte bewaffnet. Um so verblüffender wirkte der Schall der Trompeten und das Blitzen der Waffen. So wurden die niedergemacht, die sich ebenso im Unglück Blöße gaben, wie sie im Glück vor Kampflust sich nicht hatten halten können.

Gleichwohl war der Kampf ein hartnäckiger; denn erst die Nacht machte ihm ein Ende. Armin blieb zwar unversehrt, aber Inguiomer trug eine schwere Wunde davon. Auch die Verluste der Römer waren nicht unbedeutend. Aber insofern war es ein Erfolg für sie, als der Angriff auf das Lager glücklich abgeschlagen war und ihr Rückzug nun nicht weiter angefochten wurde.

Wie schlimm es aber um die Legionen Cäcinas gestanden hatte, wird bestätigt durch das Gerücht, das über ihren Untergang bis zum Rhein gelangte. Man sprach in Vetera davon, sie seien abgeschnitten und die Deutschen nach dem Rhein hin mit einem Heere unterwegs. Bereits wollte man die Brücke über den Fluß abbrechen, und nur das entschiedene Auftreten Agrippinas, der Gemahlin des Germanicus, verhinderte diese Tat der Verzweiflung. Sie war es auch, die die Legionen, als sie endlich wiederkamen, zu trösten suchte und die Verwundeten und Entblößten mit Kleidern versah; sie war es, die ihnen Pflege angedeihen ließ.

Auch dem Heere des Germanicus war es unterwegs nicht gut gegangen. Vielmehr hatte ein Teil der Truppen, als man an der Nordseeküste entlang zog, sich von den Fluten überraschen lassen, und faßt man alles, was den Römern im Jahre 15 widerfahren war, zusammen, so mußte der Kriegszug als völlig gescheitert angesehen werden. Das war doch im wesentlichen das Verdienst Armins, der in jeder Weise als vollendeter Meister der Kriegskunst sich bewiesen hatte.

Ereignisse vor dem großen Kriege des Jahres 16 n. Chr.

Sollte der Plan der Unterwerfung Germaniens nicht aufgegeben werden, so war ein neuer Kriegszug nötig, der denn auch im folgenden Jahre wieder unternommen wurde. Aber welche Anstrengungen waren dazu nötig! In Gallien, Spanien, in Italien, überall mußten neue Truppen ausgehoben werden, mußten die Provinzen Waffen, Pferde und Geld liefern. Selbst aus Rom wurden Kohorten der Prätorianer zu dem Kriege aufgeboten.

Diesmal sollten die langen Märsche vom Rhein her, infolge deren die Soldaten müde auf dem Kriegsschauplatze anlangten und überdies den Angriffen der Feinde die günstigste Gelegenheit boten, vermieden werden. Darum sollte das ganze Heer möglichst die Wasserwege benutzen. Dazu mußte aber eine Flotte von tausend Schiffen hergestellt werden, und diese wurden für alle Möglichkeiten der Fahrt zur See und auf den Flüssen eingerichtet. Ebenso wurden sie reichlich mit Kriegsbedarf versehen.

Auch diesmal wieder suchte man vor Beginn des Hauptzugs durch Unternehmungen gegen die näher wohnenden Stämme die Aufmerksamkeit der Feinde abzulenken. Darum mußte der Legat Silius, der die Legionen am Mittelrhein befehligte, von Mainz aus mit einem Heere ohne schweren Troß in das Gebiet der Chatten einen Einfall machen. Viel richtete er auf diesem Zuge freilich nicht aus, weil plötzlich eintretendes Regenwetter ihn behinderte. So mußte er mit geringer Beute und dem Raube der Gemahlin und Tochter des Chattenfürsten Arpus sich begnügen.

Wie sehr übrigens die Siegeszuversicht der Deutschen durch ihre Erfolge im Jahre 15 gestiegen waren, erkennt man daraus, daß sie — vermutlich auf Armins Veranlassung — bereits gegen den Rhein sich in Bewegung gesetzt hatten und ein nicht näher bezeichnetes Kastell an der Lippe belagerten.

Germanicus sah sich deswegen genötigt, mit sechs Legionen aufzubrechen, um die Festung zu entsetzen. Auf die Annäherung eines so großen Heeres hin hoben nun freilich die Deutschen die Belagerung auf und zogen sich, ohne den Römern eine Schlacht anzubieten, zurück. Doch war es für diese schmerzlich, daß sie einen Hügel, den man zu Ehren der in der Varusschlacht gefallenen, aber unbestattet gebliebenen Kameraden vor Jahren errichtet hatte, ein sogenanntes Kenotaphion, sowie einen Gedenkstein des Drusus zerstörten. Den Gedenkstein ließ Germanicus unter Abhaltung eines Waffenschauspiels durch einen neuen Stein ersetzen. Den Hügel wieder herzustellen hatte nach der im voraufgegangenen Jahre vorgenommenen wirklichen Beerdigung der Toten natürlich keinen Sinn. Darum unterließ er es. Dagegen benutzte er die Anwesenheit der Soldaten, um zwischen dem Kastell Aliso und dem Rhein neue Grenzwehren und gedämmte Straßen herstellen zu lassen.

Der Krieg vom Jahre 16 n. Chr.

Nunmehr wurde der große Kriegszug angetreten. Vorauf fuhren Schiffe mit der Zufuhr, hinterher die Flotte mit den Legionen und den bundesgenössischen Truppen, zunächst wieder in den Drususgraben, dann durch die Seen in die Nordsee und weiter in die Ems.

Die ursprüngliche Absicht, das Heer die Ems und die Hase hinauf ins Innere Deutschlands zu befördern, wurde aus unbekannten Gründen aufgegeben. Nur die Transportflotte konnte diesen Weg benutzen, die Soldaten wurden dagegen bereits an der unteren Ems, und zwar am linken Ufer, ausgeschifft. Das erwies sich indessen als ein Fehler, insofern die Herstellung von Brücken hier mehr Tage in Anspruch nahm, als wenn man an einer weiter oberhalb gelegenen Stelle gelandet wäre. Außerdem wäre man bei Benutzung der Hase noch ein gutes Stück weiter in das rechts befindliche Land der Feinde mühelos gekommen. Endlich hatte die vorzeitige Landung noch den Nachteil, daß nach dem Übergange über die Brücken einige Leute aus der Mannschaft, die in den Marschen die Gezeiten nicht beachtet hatten, als die Flut die Lachen schwellte, in Bestürzung gerieten und in dem Wasser ihren Tod fanden.

Dann ging zunächst der Zug die Ems hinauf, und weiter folgte man dem Lauf der Hase, wo bis unweit Vechta die Zufuhr zu Schiffe dem Heere zugeführt werden konnte. Bei Märschendorf konnte man die sogenannte alte Hase verlassen und auf geradestem Wege, von dem die Spuren noch heute vorhanden sind, über den Paß der langen Brücken und in derselben Richtung an die Weser gelangen. Bei Minden erreichte man den Strom.

Als man aber dabei war, daselbst ein Lager aufzuschlagen, wurde im Rücken des Heeres eine Erhebung der Angrivarier, die auf beiden Seiten der mittleren Weser westlich bis zur Hunte wohnten, gemeldet. Man erkennt auch in diesem Unternehmen wieder die Tätigkeit Armins, der mit den benachbarten Stämmen nach wie vor Beziehungen unterhielt. Doch wurde gegen die Abtrünnigen Stertinius mit Reiterei und leichtem Fußvolk ausgesandt, der denn auch mit Mord und Brand sie für den Abfall strafte.

Begegnung der Heere an der Weser.

Römer und Cherusker trennte jetzt nur noch die Weser von einander. Am anderen Ufer sah man Armin mit seiner fürstlichen Umgebung. Er rief über den Strom, ob der Oberfeldherr angelangt sei, und als man ihm antwortete, er sei gekommen, bat er, daß es ihm gestattet werde, mit seinem Bruder sich zu unterreden. Er meinte Flavus, der, wie gesagt, im römischen Heere mit ausgezeichneter Treue diente und äußerlich schon dadurch gekennzeichnet war, daß er vor einigen Jahren unter Tiberius infolge einer Verwundung eins seiner Augen eingebüßt hatte.

Die Unterredung wird ihm gestattet, und er tritt an den Strom heran. Armin grüßt ihn, entläßt sein Gefolge und verlangt, daß ebenso auch die Bogenschützen, die am römischen Ufer aufgestellt waren, abtreten sollen. Das geschieht, und nun fragt Armin zuerst seinen Bruder, wie er zu der Entstellung seines Gesichts gekommen sei. Dieser nennt Ort und Schlacht. Dann fragt er ihn, welchen Lohn er dafür erhalten habe. Flavus berichtet, es sei ihm sein Sold erhöht, er nennt Kette, Kranz und andere kriegerischen Ehrengaben. Das nennt Armin lachend billige Preise der Knechtschaft.

Dann fangen sie an sich zu streiten. Der eine spricht von der Größe des römischen Reiches, von der Macht des Kaisers, von der strengen Strafe, die die Besiegten treffe, von der gnädigen Behandlung, die der zu erwarten habe, der sich freiwillig unterwerfe; weder sein Weib noch sein Kind würden als Feinde behandelt. Der andere spricht von dem Recht des Vaterlandes, der von den Vätern ererbten Freiheit, von den heimischen Göttern Germaniens, von der Mutter, die ihre Gebete mit den ihrigen vereinige. Flavus bemerkt, er könne doch nicht an dem römischen Kaiser zum Verräter werden, worauf Armin erwidert, ob er denn seine Verwandten und Angehörigen, ja das eigene Volk lieber als den Kaiser verlassen und verraten wolle.

Allmählich gingen sie zum Schelten über, und es wäre zum Kampfe gekommen, den selbst der Fluß, der zwischen ihnen floß, nicht hinderte, wenn nicht Stertinius herzugeeilt wäre und den von Zorn entbrannten und Waffen und Roß fordernden Fürsten zurückgehalten hätte. Auf der anderen Seite sah man Armin, wie er drohend die Hand erhob und die Schlacht ankündigte. Man konnte ihn auch auf römischer Seite wohl verstehen; denn viele lateinischen Worte warf er in seiner Rede dazwischen; hatte er doch als Führer seiner Landsleute einst im römischen Heere gedient.

Am folgenden Tage nahm das Heer der Deutschen jenseits der Weser Aufstellung. Germanicus hielt es eines römischen Oberfeldherrn nicht für würdig, ohne Herstellung von Brücken und Befestigungen die Legionen der Gefahr des Kampfes auszusetzen. Die Reiterei ließ er dagegen ohne weiteres durch den Fluß gehen.

Diese befehligten Stertinius und der Primipilar Ämilius, die an verschiedenen Stellen auf den Feind einsprengten, um ihn zu teilen. Wo der Strom am reißendsten war, brach Chariowalda, der Anführer der Bataver, los. Ihn lockten jedoch die Cherusker mit verstellter Flucht in eine vom Waldgebirge umschlossene Ebene. Dann erhoben sie sich, stürmten von allen Seiten herbei, trieben die, welche sich ihnen entgegenstellten, zurück, setzten den Weichenden nach, und wenn diese sich zu einem dichten Haufen zusammengedrängt hatten, wurde ein Teil mit ihnen handgemein, ein anderer Teil setzte ihnen aus der Ferne zu. Chariowalda hielt dem erbitterten Kampfe der Feinde lange stand. Dann forderte er seine Leute auf, durch die andrängenden Scharen in geschlossenem Haufen sich hindurchzuschlagen. Er selbst stürzt sich in die dichtesten Reihen und sinkt unter einem Hagel von Geschossen vom Pferde, das ihm unter dem Leibe durchbohrt war. Dasselbe Schicksal hatten viele der Vornehmsten. Die übrigen retteten sich vermöge ihrer Kraft oder wurden durch die Reiter unter Stertinius und Ämilius, die ihnen zu Hülfe kamen, aus der Gefahr befreit.

Die römischen Reiter hatten durch ihr Vorgehen das Heer der Deutschen auf sich gezogen. Diese Aufgabe war ihnen zugefallen. Unterdessen war man mit der Herstellung der Brücken beschäftigt gewesen. Hatten jedoch die erwähnten Begebenheiten sich auf der Nordseite des Gebirges abgespielt, so war es die Absicht des Germanicus, auf der Südseite der Weserscharte den Übergang über den Strom zu bewerkstelligen. Das geschah denn auch, und es wurde in dem Winkel, den die Weser zwischen Rinteln und der Porta beschreibt, etwa bei dem Orte Möllbergen, ein Lager bezogen. Natürlich gingen nunmehr die Deutschen auch ihrerseits auf dieselbe Seite des Gebirges über und nahmen daselbst weiter oberhalb ihre Aufstellung.

Hiervon wurde dem Germanicus durch einen Überläufer Mitteilung gemacht. Es wurde ihm berichtet, daß auch noch andere Stämme mit den Cheruskern sich vereinigt hätten. Sie seien in einem dem Herkules heiligen Walde zusammengekommen und würden einen nächtlichen Angriff auf das Lager wagen. Wirklich sah man denn auch von weitem Wachtfeuer, und Kundschafter, die näher an den Feind herangingen, berichteten, man vernehme ein Wiehern von Pferden und das dumpfe Geräusch eines ungeheueren und ungeordneten Heereszuges.

Während der Nacht ritt ein Deutscher, der der römischen Sprache kundig war, an den Lagerwall heran und rief mit lauter Stimme: wer überlaufe, dem sollten Weiber, Äcker und solange der Krieg dauere, täglich 100 Sesterzen als Sold gezahlt werden. Mit diesem Angebot sollte Armin ihn beauftragt haben. Doch verfehlte er seinen Zweck.

Um Mitternacht wurde auch das Lager berannt. Indessen kam es nicht zum Kampfe, nachdem man gemerkt hatte, daß die Wälle stark besetzt und für die Verteidigung nichts verabsäumt sei. Vielleicht war es den Deutschen auch mit ihrem Angriffe ebensowenig wie mit ihrem vorher gemachten Angebote Ernst. Es kam ihnen wohl mehr darauf an, den Römern in der Nacht den Schlaf zu rauben.

Die Schlacht von Idistaviso.

Am andern Morgen hielt Germanicus eine Ansprache an die Soldaten. Er wies sie auf den bevorstehenden Kampf hin und beruhigte sie mit der Versicherung, daß alle Vorbereitungen dazu in zweckmäßiger Weise getroffen seien. Auch seien die örtlichen Verhältnisse keineswegs ungünstig. Nicht nur ebenes Gelände sei den römischen Soldaten für den Kampf vorteilhaft, sondern bei kluger Ausnutzung der Umstände auch Wälder und Gebirge. Denn nicht so gut ließen sich die mächtig großen Schilde der Barbaren, die gewaltigen Speere zwischen den Baumstämmen und dem Gebüsch handhaben, wie die Pilen, die Schwerter und die dem Körper dicht anliegenden Schilde. Sie sollten nur Stoß auf Stoß erfolgen lassen, nach den Gesichtern mit dem Kurzschwerte zielen. Nicht besitze der Deutsche einen Panzer, nicht einen Helm von Blech, nicht einmal mit Eisen beschlagene oder mit Leder eingefaßte Schilde, sondern nur solche aus Weidengeflecht oder dünne und mit Farbe angestrichene Bretter. Die erste Schlachtreihe sei zur Not mit Lanzen versehen; die übrigen hätten nur vorn angebrannte oder nur kurze Speere. Ihr Körper vollends, so wild auch ihr Aussehen und so kräftig sie auch für einen kurzen Angriff seien, zeige doch keine Ausdauer, wenn es Wunden gebe. Ohne Gefühl für Schande, unbekümmert um die Führer verließen sie den Kampf und flöhen, sie die im Unglück feige seien, während sie allerdings im Glück weder um göttliches noch menschliches Recht sich kümmerten. Wenn sie der Wege und des Meeres müde seien und ein Ende des Krieges herbeiwünschten, so werde es durch die bevorstehende Schlacht gewonnen. Näher sei bereits die Elbe als der Rhein, und es gebe keinen Krieg weiter, wenn sie nur ihm, der in seines Vaters und Oheims Fußtapfen trete, in denselben Ländern den Sieg verschafften.

Aber auch Armin unterließ es nicht, seine Leute zum Kampfe anzufeuern. Das, sagte er, seien die Römer aus des Varus Heere, die am schnellsten hätten fliehen können und die, um dem Kriege aus dem Wege zu gehen, gemeutert hätten, von denen ferner die einen den von Wunden bedeckten Rücken, die anderen die durch Fluten und Stürme gebrochenen Glieder abermals den erbitterten Feinden, den gegnerischen Göttern preisgäben, ohne jede Hoffnung auf Erfolg. Zu der Flotte natürlich und zu der wegelosen Fläche des Ozeans hätten sie ihre Zuflucht genommen, damit niemand den Kommenden entgegentreten, die Geschlagenen verfolgen könne. Aber wenn sie Mann gegen Mann kämpften, dann hülfen weder Winde noch Ruder den Besiegten. Sie sollten nur der Habsucht, Grausamkeit und des Übermuts gedenken. Bleibe ihnen eine andere Wahl, als die Freiheit zu behaupten oder zu sterben, ehe sie sich der Knechtschaft unterwürfen?

Dann stiegen die Deutschen voll Kampflust unter ihren Führern, die ähnlich wie Armin sie ermutigt hatten, von ihrem hochgelegenen Lagerplatze in eine Ebene nieder, die den Namen Idistaviso führte. Diese buchtete sich, wie uns geschildert wird, zwischen der Weser und Hügeln, je nachdem die Ufer des Flusses zurückwichen oder die Ausläufer des Gebirges wieder zurücktraten, in ungleicher Weise aus. Im Rücken erhob sich Wald mit Bäumen, deren Zweige gewaltig in die Höhe ragten, während der Boden zwischen den Stämmen unbewachsen war. Das freie Feld und den Saum des Waldes nahmen die Deutschen mit ihren Scharen ein. Nur die Cherusker besetzten die Höhen, um über die Römer, wenn sie im Kampf begriffen wären, von oben herzufallen.

Das Schlachtfeld ist noch jetzt deutlich wiederzuerkennen. Auch der Name hat sich bis auf den heutigen Tag erhalten. Das Wort Idista-viso setzt sich nämlich aus zwei Teilen zusammen, von denen der zweite offenbar unser ‚Wiese' ist, während für Idista als eigentliche Form Eidista d. i. Lauterbach angenommen werden muß, das aber die Römer, die den Diphthong ei nicht hatten, der Regel gemäß in Idista verwandelten. Eidista aber hat sich in dem ersten Teile des Wortes Eis-bergen, in alten Urkunden Eyse-berge, noch behauptet.

Skizze 4.

Die Ebene ist ganz, wie Tacitus uns beschreibt, auf allen Seiten abgeschlossen. Im Süden fließt die Weser mit ihren wiederholten Krümmungen. Gegenüber erhebt sich stolz und zu bedeutender Höhe die Gebirgswand des Süntel, gewöhnlich Wesergebirge genannt. Diese sendet jedoch verschiedene Ausläufer nach Süden. Namentlich im Westen und Osten ist dies der Fall, wo die Höhen bis an die Ufer der Weser vorgestreckt sind, auf beiden Seiten damit das Gelände abschließend. Aber auch diese Gebirgsausläufer springen nicht in ununterbrochener Linie vor, sondern machen an einigen Stellen früher als an anderen Halt, so daß auch sie eine mehrfache Buchtung erfahren, ganz der gegebenen Beschreibung entsprechend.

Im Rücken des Schlachtfeldes, d. h. im Rücken der

deutschen Aufstellung, erhob sich das Gebirge zu bedeutender Höhe, nicht bloß die Ebene, sondern noch die vorspringenden Ausläufer überragend. Auch diese Mitteilung entspricht genau den örtlichen Verhältnissen.

Daß auch die Beschreibung des Waldes mit den gewaltigen Buchen und dem kahlen Boden darunter völlig zutrifft, davon kann sich noch heute jeder überzeugen.

Während nun auf deutscher Seite die Mannschaften der verbündeten Stämme die Ebene und den Saum des Gebirgswaldes im Nordosten und Osten des Schlachtfeldes einnahmen, besetzten die Cherusker die Höhen, die sich im Osten der Ebene vom Gebirge her bis an die Ufer der Weser erstrecken, um im geeigneten Augenblicke in die Schlacht einzugreifen.

Die Römer rückten von Südwesten heran und besetzten, da sie sahen, daß die gegenüber befindlichen Höhen samt den nächsten Feldern von den Feinden eingenommen waren, die Hügel im Westen des Schlachtfeldes.

Die Aufstellung erfolgte in derselben Reihe, in der das Heer vom Weserufer her auf das Schlachtfeld gerückt war. Den linken Flügel bildeten die gallischen und germanischen Hülfstruppen, dann folgten, sich weiter südlich anschließend, Bogenschützen zu Fuß, hierauf vier Legionen. Im Zentrum stand Germanicus mit zwei prätorischen Kohorten und auserlesener Reiterei. Hieran schlossen sich wieder vier Legionen und ganz im Süden, den rechten Flügel darstellend, abermals leicht bewaffnetes Fußvolk mit berittenen Bogenschützen und den übrigen bundesgenössischen Kohorten. Hinter der Front endlich lauerte Stertinius mit der Hauptmasse der Reiter, wie er auch vom Lager aus über die Höhen in seine Stellung eingerückt war.

Der Standpunkt des römischen Heeres war durch die natürlichen Verhältnisse gegeben. Die Wahl des Kampfplatzes aber zeugt wieder von dem strategischen Scharfblick des deutschen Führers. Der Plan, der hierbei verfolgt wurde, hat eine gewisse Ähnlichkeit mit dem bei Barenau entwickelten. Denn auch hier handelte es sich um die Verteidigung einer Sperre, die dadurch gegeben war, daß an dieser Stelle das Süntelgebirge bis auf wenige Kilometer sich der Weser nähert. Hierbei war der rechte Flügel der Deutschen durch die Gebirgswand, der linke durch den Fluß gedeckt. Zwischen beiden dehnte sich die Hügelkette aus, auf der die Cherusker Platz genommen hatten und die ihnen eine vorzügliche Verteidigungslinie gewährte.

Die Aufstellung der Römer entsprach in gewisser Weise der der Deutschen. Denn auch sie waren durch Höhen mit ihrem Abfall nach der Ebene gesichert, und auch ihre Flanken durch Gebirge und Fluß gedeckt. So standen sich die beiden Heere gegenüber.

Ursprünglich lag es in der Absicht Armins, daß die Cherusker erst, nachdem der Kampf entbrannt war, aus ihrer Reservestellung losbrechen sollten. Es scheint indessen, als wenn sie in ihrer Kampflust sich nicht hatten halten lassen. Genug, sie stürmten mit Ungestüm in die Ebene vor, um, wie es ihre Gewohnheit war, durch einen Keilstoß das Zentrum der Feinde zu durchbrechen. Diesen Augenblick benutzte Germanicus, um ihnen die schwere Reiterei, die bei ihm im Mittelpunkt der Aufstellung sich befand, in die Flanke zu schicken. Zugleich aber wurde eine andere Bewegung zur Ausführung gebracht, die dem deutschen Heere gefährlich werden sollte.

Die Aufstellung der Deutschen litt an der Schwäche, daß sie umgangen werden konnte, wenn die Römer genauer von der Örtlichkeit unterrichtet waren. Gerade im Norden der Idistavisoebene befindet sich nämlich in der Gebirgswand eine Lücke, die allerdings durch eine vorliegende Höhe verdeckt ist, die aber doch den Römern bekannt gewesen sein muß. Dieser Durchlaß ist auch für Reiterei, wenn die Mannschaft an einzelnen Stellen absitzt, wohl zu benutzen, und ein Vorgehen in dieser Richtung konnte wegen des vorgelagerten Berges ausgeführt werden, ohne daß die Deutschen davon etwas merkten.

Nördlich der Aufstellung der Cherusker aber befand sich der Paß von Kleinen Bremen, im Munde des Volkes „Düvelsbad" genannt, durch den auch heute eine Chaussee führt. Gelang es nun Germanicus, während die Deutschen in der Idistavisoebene die Entscheidung des Kampfes herbeizuführen suchten, unvermerkt Reiterei durch die vorhin beschriebene Schlucht zu senden und sodann im Paß von Kleinen Bremen wieder vorgehen zu lassen, eine Bewegung, die sich in einer Stunde bewerkstelligen ließ, so waren die Deutschen im Rücken ihrer Aufstellung bedroht und die Schlacht für sie verloren.

Mit der Ausführung dieses Planes wurde der erfahrene Stertinius beauftragt, dem denn auch in der Tat mit der Reiterei die Umzingelung gelang.

Noch tobte der Kampf in der Ebene weiter, und die Keilrotten der Cherusker wurden in der Front und in den Flanken zugleich gefaßt. Als ein glückliches Vorzeichen erschien es hierbei den Römern, daß acht Adler, wohl aufgescheucht durch die Reiter unter Stertinius, von links aufflogen und sich nach dem Waldgebirge im Hintergrunde der deutschen Aufstellung hinwegbewegten. Sofort rief der Feldherr, das Zeichen glücklich deutend, den Soldaten zu, sie sollten den römischen Vögeln, den Schutzwesen der Legionen, folgen.

So wurden denn die Deutschen geschlagen, und es erklärt sich, daß infolge der beschriebenen Umgehungsbewegung ihre Flucht zeitweilig in entgegengesetzter Richtung erfolgte. Die nämlich, welche im Walde gestanden hatten, eilten vor der Reiterei des Stertinius in die Ebene, die aber, welche in der Ebene geschlagen waren, in den Wald zurück.

Auch die Cherusker, die anfangs im Zentrum der Deutschen auf den beschriebenen Hügeln Platz genommen und auch nach ihrem vereitelten Vorstoß sich dorthin wieder zurückgezogen hatten, konnten sich in ihrer Stellung nicht behaupten, sondern wurden von den Hügeln, in die sich die Höhenkette nach Osten hin auflöst, hinuntergetrieben.

Nur Armin suchte noch, unter allen hervorragend, durch persönliches Eingreifen, durch lauten Zuruf, durch kräftiges Dreinschlagen die Entscheidung hinzuhalten. Ja, er stürzte sich, umgeben von den Seinen, mit Ungestüm auf eine Abteilung der Bogenschützen in der Absicht, ihre Reihen zu durchbrechen, und wurde nur durch die Räter, Vindeliker und Gallier des römischen Heeres, die sich ihm entgegenwarfen, an der Ausführung des Versuchs gehindert. Doch erkämpfte er sich mit der Wucht seines Leibes auf mutigem Rosse, trotz einer Wunde, die er empfangen hatte, den Rückzug durch den Feind und entkam so der Gefangenschaft, indem er sein Gesicht mit Blut bestrich, um nicht erkannt zu werden. Man erzählte sich freilich auch, er sei von den Chauken, die im römischen Heere kämpften, erkannt und absichtlich durchgelassen worden.

Jedenfalls haben wir hier wieder das Bild eines germanischen Heerführers, der nicht nur seine Aufgabe in der Wahl des Kampfplatzes und der Leitung der Schlacht erkannte, sondern auch das Beispiel der größten Tapferkeit seinen Leuten gab, noch bis zum äußersten Augenblick den Sieg zu retten suchte und als der Letzte aus dem Kampfe sich entfernte. Aber auch der Tapferkeit Inguiomers zollt der Geschichtsschreiber volle Anerkennung.

Daß die Deutschen auf dem Idistavisofelde geschlagen wurden, kann unter den gegebenen Umständen nicht weiter wundernehmen. Denn in der Technik des Kampfes und vor allem in der Bewaffnung, vielleicht auch in der Truppenzahl waren die Römer ihnen überlegen. Aber es beweist doch eine große Kühnheit und ein nicht geringes Bewußtsein eigener Kraft, wenn die Deutschen es unternahmen, nicht mehr lediglich das Heer der Römer auf dem Zuge plötzlich anzugreifen, sondern eine offene Feldschlacht mit einer Aufstellung Gesicht gegen Gesicht ihnen anzubieten, und wenn es Germanicus nur durch eine List gelang, seinem Gegner den Sieg abzuringen, so mag man die Unachtsamkeit der Deutschen tadeln, an Mut und Ausdauer hat es auch hier ihnen sicher nicht gefehlt.

Infolge der Umgehungsbewegung, die die römischen Reiter unter Stertinius vorgenommen hatten, war die Stellung der Cherusker, wie gesagt, unhaltbar geworden und ein Rückzug unvermeidlich. Auch ist es verständlich, wenn einige Abteilungen hierbei abgeschnitten wurden. Das traf namentlich diejenigen, die nach den Wäldern im Nordosten des Schlachtfeldes sich geflüchtet hatten. Hier kam es vor, daß einige durch Klettern auf die Bäume sich zu retten suchten. Diese wurden jedoch von den Bogenschützen aus ihrem Versteck heruntergeschossen, so daß das Schicksal ihnen elend mitspielte. Andere stürzten mit den Bäumen, die man fällte, nieder.

Ein Teil der Mannschaft war nach der entgegengesetzten Seite hin geflüchtet, um über die Weser sich zu retten. Auch das gelang nicht allen, sondern die Römer schossen hinter ihnen her. Einige hatten auch das Unglück, daß in dem Augenblicke, als sie sich in das Wasser stürzen wollten, das steile Ufer, das vielfach, auch an anderen Stellen des Flusses, durch das Wasser ausgehöhlt zu werden pflegt, nachgab und sie unter dem niederfallenden Schutt begrub.

Gewiß war der Sieg der Römer unbestreitbar, und wenn gesagt wird, daß sie die Besiegten auf eine Strecke von zwei Meilen verfolgt hätten, so mag das für einzelne Abteilungen, die wohl den Fluß aufwärts in der Richtung auf Oldendorf sich zu retten suchten, zutreffen. Auch ist es verständlich, wenn die Soldaten nach alter Sitte auf dem Schlachtfelde Germanicus als Imperator ausriefen. Als Zeichen des Sieges wurde auch ein Haufen Waffen aufgeschichtet und am Fuße desselben auf einem Gedenksteine die Namen der besiegten Völker aufgeführt.

Gleichwohl war das Heer der Deutschen nicht vernichtet. Auch nach der Umgehung ihrer Aufstellung durch Stertinius hatten sie noch lange hartnäckig sich gewehrt, so daß der Kampf von elf Uhr mittags bis zum Beginn der Nacht gedauert hat. Die Kraft der Deutschen war auch keineswegs gebrochen. Das bewiesen sie in einem neuen Kampfe. Es muß ihnen also möglich gewesen sein, mit der Hauptmasse — vermutlich in östlicher Richtung nach dem Paß der Arensburg — zu entkommen.

Im römischen Heere sprach man freilich schon davon, daß die Cherusker entschlossen wären, über die Elbe auszuwandern. Sie mögen auch aus den nächsten Dörfern entflohen sein. Daß sie aber keineswegs den Kampf aufgegeben hatten, zeigte sich gar bald.

Die Schlacht am Angrivarierwalle.

Germanicus hatte nach der Schlacht auf Idistaviso und nach der Feier seines Sieges den Zug zur Elbe angetreten. Der Weg führte ihn natürlich nördlich des Gebirges auf einer alten Völkerstraße, dem sogenannten Helwege vor dem Sandfort, in der Richtung über Stadthagen weiter. Aber man kam nicht weit. Denn alsbald waren die Deutschen wieder zur Stelle und erneuerten ihr altes Verfahren, das sie bisher mit so viel Erfolg beobachtet hatten, indem sie die Römer auf dem Marsche anfielen. Wie die Verhältnisse lagen, kann das nur von der linken Seite her geschehen sein. Wollte also Germanicus die Feinde noch einmal zu einer Schlacht zwingen, so konnte er nur in nördlicher Richtung gegen sie sich wenden. Das aber hatte Armin wiederum gewollt.

Auch jetzt wieder hatte der deutsche Führer eine Enge gewählt, diesmal zwischen Sumpf und Fluß gelegen. Sie befindet sich an der Stelle des Dorfes Leese gegenüber Stolzenau. In alten Zeiten floß die Weser, die unter dem Fluß verstanden werden muß, dicht an dem Dorfe vorbei.

Reste des alten Stromlaufs, insbesondere der sogenannte Bollsee unweit Schlüsselburg, sind noch jetzt vorhanden Die Sperre ist auch hier nur wenige Kilometer breit.

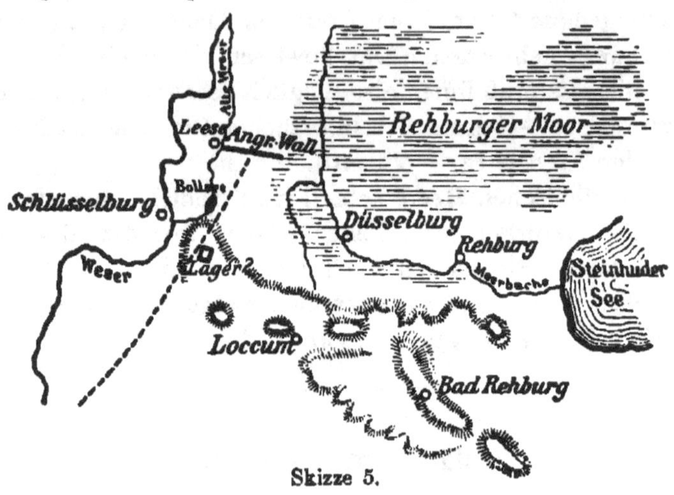

Skizze 5.

Im Osten dehnt sich ein Moor von bedeutender Größe aus, von der sogenannten Meerbache oder Aue durchflossen. Davor befand sich noch vor nicht langer Zeit Eichwald. Jetzt ist er verschwunden. Der Paß war im Norden des Schlachtgeländes durch einen breiten Wall gesperrt, den einst die Angrivarier zum Schutze gegen die Cherusker aufgeworfen hatten, der also mit seiner Front nach Süden sah. Eine enge und feuchte Ebene befand sich südlich zwischen dem Fluß und dem Gehölz.

Auf dem Walle stand das deutsche Fußvolk; andere Abteilungen waren östlich der Ebene im Walde aufgestellt, so daß die Schlachtordnung eine hakenförmige Gestalt annahm. Dazu lauerte nach Loccum zu in nahen Hainen die deutsche Reiterei, um, wenn die Römer in den Wald eindrängen, ihnen in den Rücken zu fallen. Auch diese Anordnungen des deutschen Heerführers verdienen alles Lob.

Vor allem aber muß es als ein weiser Kriegsplan Armins anerkannt werden, daß er durch seine Beunruhigung des feindlichen Heereszuges die Römer von ihrem Marsche nach der Elbe in nördlicher Richtung abgelenkt hatte. Wurden diese hier geschlagen, so mußten sie unter ungünstigsten Verhältnissen, wobei ihnen die Weser zum Hindernis gereichte, den Rückzug antreten. Siegten sie aber, so war damit für den Marsch nach Osten immer noch nichts gewonnen. Denn nach wie vor blieben dann die Deutschen in der Flanke wie im Rücken des feindlichen Heeres. Taktisch mochten die Deutschen geschlagen werden, strategisch war Armin dem römischen Feldherrn überlegen.

Es war nur zu bedauern, daß Germanicus von der Aufstellung der Deutschen rechtzeitig Mitteilung erhalten hatte, so daß er hiernach seine Vorbereitungen treffen konnte. So ließ er insbesondere den Legaten Tubero mit Reiterei in der Ebene zurück, um eine Umgehung seiner Streitkräfte durch die Deutschen zu verhindern.

Der römische Feldherr hatte sein Fußvolk so aufgestellt, daß ein Teil auf ebenem Boden rechts in den Wald eindringen, ein anderer Teil den Wall ersteigen sollte. Da die letztere Aufgabe als die schwierigere erschien, so stellte sich Germanicus dort selbst an die Spitze seiner Truppen, während er seinen Legaten die Führung des Heeres auf den anderen Abschnitten des Kampfplatzes überließ. Diese drangen denn auch ohne Schwierigkeit in den Wald ein.

Die Römer unter Germanicus' Führung versuchten anfangs den Wall zu erstürmen. Aber als sie sich der Verschanzung näherten, wurden sie mit blutigen Köpfen zurückgeschlagen. Es regnete gewaltige Schläge von oben her. Der Kampf erwies sich für die Römer so ungünstig, daß der Feldherr die Legionen wieder zurückziehen mußte.

Nun aber wurden die Steinwerfer und Speerschleuderer aufgeboten, um den Feind aus seiner Stellung zu vertreiben. Eine größere Menge Schleudersteine haben sich denn auch wirklich vor Jahren auf dem dortigen Schlachtfelde unweit des Angrivarierwalles noch gefunden. Zugleich trat die Artillerie in Tätigkeit, und es wurden aus den Wurfmaschinen gewaltige Speere geschossen.

Gegen solche Waffen waren die Deutschen nicht genügend gedeckt, und je mehr die schwache Brustwehr Breschungen erlitt, mit desto mehr Verlusten mußten die Verteidiger sich von dem Walle zurückziehen. So wurde die Landwehr von den Römern eingenommen, und Germanicus hatte die Freude, selbst an der Spitze seiner Leibwache, der prätorischen Kohorten, die Verschanzung zu ersteigen.

Aber die Deutschen zogen sich nach Aufgabe des Walles nicht etwa in nördlicher Richtung zurück, sondern suchten Anschluß an die Kameraden, die im Walde Aufstellung genommen hatten, so daß nun auch Germanicus mit seinen Legionen eine Schwenkung vorzunehmen sich genötigt sah. Auch er erteilte seinen Soldaten den Befehl, in den Wald vorzurücken.

Dort gab es aber wieder einen neuen harten Kampf. Mann gegen Mann mußte hier gefochten werden. Dabei war die Lage für beide Heere gleich gefährlich. Denn die Deutschen, die jetzt sämtlich im Walde kämpften, hatten hinter sich das Moor, über das man nur auf wenigen Pfaden sich zurückbewegen konnte. Die Römer aber, die nunmehr mit der Front nach Osten gerichtet waren, hatten hinter sich den Fluß. Andere römische Abteilungen dagegen, die im südlichen Abschnitte des Waldes den linken Flügel der Deutschen umgangen und zurückgetrieben hatten, so daß sie allgemach mit ihrer Front nach Norden blickten, hatten schließlich die Loccumer und Rehburger Berge, die nicht unbedeutend nach Norden abfallen, hinter sich, so daß für beide Heere, wenn sie geschlagen wurden, der Rückzug recht gefährlich werden mußte. Um so mehr hatten beide Teile Veranlassung, sich mit der größten Tapferkeit zu wehren, wenn sie nicht aufgerieben werden wollten.

Dabei wurde den Römern das weitere Vordringen im Walde durch die bereits erwähnte Meerbache mit ihren sumpfigen Wiesen nicht unerheblich erschwert, während die Deutschen bei ihrer größeren Körperlänge und ihrer Gewandtheit im Schwimmen kein namhaftes Hindernis in dem Gewässer fanden.

Es kam hinzu, daß auf einer sandigen Anhöhe des rechten Ufers, da wo der Fluß aus seiner westlichen Richtung in die nördliche übergeht, eine alte Befestigung, die Düsselburg genannt, gelegen ist. Sie ist auch noch in frühmittelalterlicher Zeit bewohnt gewesen. Aber unzweifelhaft geht ihre erste Anlage, ein Steinwall mit vorliegendem Graben, wo sich auch Steinwaffen gefunden haben, in vorgeschichtliche Zeit zurück. War also die Burg, wie nicht bestritten werden kann, zur Zeit der Römerkämpfe schon vorhanden, so bot sie den Deutschen einen festen Rückhalt. Ja man konnte die Stelle nach Aufgabe des Angrivarierwalles als den eigentlichen Schlüssel des Schlachtgeländes betrachten.

Der Kampf im Walde war für die Deutschen ungünstig. Zwar fehlte es ihnen nicht an Mut. Aber sie standen wie immer in der Bewaffnung hinter ihren Feinden zurück. Sie konnten zwischen den engstehenden Bäumen mit ihren langen Speeren nicht recht ausholen, konnten ihre Waffen nicht gehörig vorstrecken. Sie hatten ferner, was sie sonst mit Erfolg zu tun pflegten, keine Möglichkeit, auf die Feinde loszuspringen, von ihrer Behendigkeit geeigneten Gebrauch zu machen. Vielmehr stand man Brust gegen Brust den Feinden gegenüber. Das war der Kampf, wie ihn die Römer nur wünschen konnten. Sie preßten den Schild an den Körper, hielten das kurze Schwert fest am Griff und stachen den Germanen in den gewaltigen Leib, in ihr ungedecktes Gesicht, blutige Bahnen sich erkämpfend.

Dabei vermißte man an Armin seine gewohnte Regsamkeit. Die Römer meinten, er verzweifle bereits an dem Ausgange des Kampfes. Einige erzählten auch, er sei durch die vor kurzem empfangene Wunde in seiner Tätigkeit gelähmt gewesen. Dagegen sah man Inguiomer die ganze Linie entlang auf seinem Rosse hin- und hersprengen; ihn verließ der Mut nicht.

Gleichwohl war der Kampf für die Römer immer noch sehr ernst, und Germanicus hielt es für nötig, persönlich seine Leute anzufeuern. Ja, er nahm den Helm vom Haupte, um besser erkannt zu werden, und bat die Seinen förmlich, sie möchten doch nur auf das Blutvergießen Bedacht nehmen, der Gefangenen bedürfe es nicht, allein die Vernichtung des feindlichen Volkes werde dem Kriege ein Ende bringen.

Dazu kam es nun freilich nicht. Im Gegenteil muß die Lage der Römer schließlich recht bedenklich gewesen sein. Denn, noch während die Schlacht weiter tobte, mußte gegen Abend eine Legion zurückgezogen werden, um ein festes Lager aufzuschlagen. Ja, auch das konnte nicht verhindert werden, daß die römische Reiterei, die dem Heere Rückhalt geben sollte, sich eine Niederlage zuzog.

Jedenfalls war es den Römern nicht gelungen, die Deutschen aus ihren Stellungen hinter der Meerbache hinauszuschlagen. Sollte dies geschehen, so mußte der Kampf am anderen Tage wieder aufgenommen werden. Aber bot dieser bessere Aussicht auf Erfolg? Die Römer gaben, indem sie weiter rückwärts ein Lager bezogen, die in der Schlacht gewonnenen Stellungen wieder auf. Was hinderte die Deutschen, dort wieder einzurücken, ja auch den Angrivarierwall von neuem zu besetzen und noch stärker zu befestigen?

Zu einer Erneuerung des Kampfes am anderen Tage ist es nicht gekommen. Vielmehr trat Germanicus nach der Schlacht den Rückzug an. So wurde aus dem Siege, der ohnehin nur halb gewonnen war, eine Niederlage für die Römer, und die Lage ihres Heeres hatte im Jahre 16 eine große Ähnlichkeit mit der im Jahre 15 nach der Schlacht bei Barenau. Schon erhoben sich auch in ihrem Rücken wieder die Angrivarier, und es bedurfte der Entsendung des Stertinius, um durch rechtzeitiges Vorgehen dem römischen Heere den Rückzug durch ihr Land zu sichern.

Unter diesen Umständen war es allerdings ruhmredig, wenn Germanicus auch jetzt wieder eine Waffenschichtung vornahm und auf den dazu gehörigen Denkstein die Inschrift setzen ließ, daß nach glücklicher Beendigung des

Krieges mit den Völkern zwischen Rhein und Elbe das Heer des Kaisers Tiberius dieses Denkmal dem Mars, Jupiter und Augustus geweiht habe, und den Oberfeldherrn leitete wenigstens ein richtiges Gefühl, wenn er von seinen eigenen Ruhmestaten hierbei schwieg.

Der Rückzug vollzog sich in der Weise, daß ein Teil der Legionen auf dem Landwege an den Rhein gesandt wurde, während Germanicus mit den übrigen Truppen auf der Flotte heimfuhr, wobei diese indessen noch das Unglück hatte, von einem gefährlichen Sturme überrascht zu werden.

So war denn auch der Kriegszug des Jahres 16 n. Chr. wiederum gescheitert, und es erklärt sich, daß sich die Kampflust selbst bei den dem Rheine näher wohnenden deutschen Stämmen von neuem regte, so daß es Germanicus für nötig hielt, noch im Herbst desselben Jahres den Legaten Silius mit einem Heere in das Land der Chatten zu entsenden, während er selbst in das Gebiet der Marser wieder einbrach, um zu verhüten, daß sie gegen den Rhein sich in Bewegung setzten.

Sollte Deutschland wirklich unterworfen werden, so war ein neuer großer Feldzug nötig. Auch hatte der ehrgeizige kaiserliche Prinz wirklich eine solche Absicht. Er hoffte damit endlich sein Ziel, die Unterwerfung der Stämme bis zur Elbe, erreichen zu können. Dazu gab indessen Tiberius nicht mehr die Erlaubnis. Zwar in schonenden Ausdrücken, aber doch wiederholt und dringend forderte er Germanicus brieflich auf, zu dem für ihn bestimmten Triumph in die Hauptstadt zurückzukehren, und wir werden es verstehen, wenn er ihm erklärte, er möge doch mit dem bisherigen rühmlichen Kampfe sich zufrieden geben. Die Römer hätten sich genügend an den Feinden gerächt. Man könne nunmehr die Cherusker und übrigen Völker, die im Widerstande verharrten, ihren inneren Zwistigkeiten überlassen. So mußte Germanicus sich fügen, und der Eroberungskrieg gegen die Deutschen war endgültig damit aufgegeben.

Der Krieg zwischen Armin und Marbod.

Tiberius, der die Deutschen genau kannte, hatte recht, wenn er erwartete, daß sie nach dem Abzuge der Römer bald ihre Waffen gegen sich selbst kehren würden. Es dauerte denn auch nicht lange, so brach der Bürgerkrieg von neuem aus.

Neben Armin war, wie gesagt, der mächtigste Fürst bei den Germanen Marbod. Er hatte als Heerkönig der Markomannen in Böhmen ein mächtiges Reich gegründet, dem die verschiedensten Stämme, Semnonen, Langobarden, selbst Goten unterworfen waren. In seiner Königsstadt entwickelte sich ein reiches Leben. Eine große Schar von Gefolgsleuten sammelte sich daselbst, Kaufleute, Handwerker und sonstiges Volk aus den römischen Provinzen siedelten sich an jenem Orte an. Er selbst hielt sich gesichert in seiner Burg daneben, die ebenso stark wie ein römisches Kastell befestigt war.

Es handelte sich nicht einfach um eine Rivalität der Mächtigsten, wenn es zwischen Armin und Marbod zum Kriege kam. Armin hatte selbst einst gewünscht, daß der Markomannenkönig sich dem gemeinsamen Werke der Befreiung Deutschlands anschließen möchte, und wenn dieser sich dessen geweigert hatte, so konnte hierdurch sein Haß gegen den Abtrünnigen des Vaterlandes schon eine genügende Erklärung finden. Es kam aber noch etwasanderes hinzu.

Der Freiheitssinn der Deutschen sträubte sich vielfach gegen die Königsherrschaft. Darum war der Markomannenfürst bei seinen Landsleuten unbeliebt. Armin aber galt als der Vertreter der Freiheit der Germanen. Darum war der Kampf zugleich ein grundsätzlicher; es handelte sich um den Gegensatz der Volksfreiheit und Königsherrschaft; darum versteht man es, wenn nicht nur die Cherusker und ihre Bundesgenossen, das alte Kriegsheer Armins, zu den Waffen griffen, sondern auch die Stämme der Sueven, Semnonen und Langobarden zu ihm abfielen. Das gab Armin von vornherein ein Übergewicht.

Dieser Vorteil wurde jedoch dadurch einigermaßen wieder ausgeglichen, daß sein Oheim Inguiomer mit einem großen Gefolge zu Marbod überging. War es doch für diesen unerträglich, daß er seinem jüngeren Neffen sich unterordnen sollte.

So konnte man auf den Ausgang der Schlacht gespannt sein. Beide Teile hofften auf den Sieg. Es war ein Kampf nicht mehr zwischen barbarischen Heeren. Nicht mehr wie ehedem bei den Germanen stürmte man in aufgelösten Gliedern oder getrennten Abteilungen gegen einander. Der langedauernde Krieg mit den Römern hatte sie gelehrt, den Feldzeichen zu folgen, durch Reserven sich zu sichern, auf die Befehle der Führer zu hören.

Armin besichtigte zu Roß vor dem Kampfe alle Abteilungen und erinnerte in seiner Ansprache daran, wie sie durch sein Verdienst ihre Freiheit wiedergewonnen hätten, wie ganze Legionen von ihnen niedergemetzelt worden seien. Er wies auf die Waffenbeute hin, die man den Römern abgenommen habe und die sich noch in den Händen mancher unter ihnen befinde. Marbod nannte er einen Flüchtling, der in Schlachten nicht erprobt sei, und nur deshalb bisher sich habe behaupten können, weil er hinter dem Herzynischen Walde sich verborgen, später aber unter Aufbietung von Geschenken und Gesandtschaften um ein Bündnis mit den Römern gebettelt habe. Er nannte ihn einen Verräter des Vaterlandes und einen Trabanten des Kaisers, den man mit nicht geringerem Ingrimm aus dem Lande treiben müsse, als sie den Quinctilius Varus getötet hätten. Sie sollten nur so vieler Schlachten sich erinnern, durch deren glücklichen Erfolg wie durch die schimpfliche Vertreibung der Römer hinlänglich der Beweis geliefert sei, auf welcher Seite die Entscheidung des Krieges gewesen sei.

Auch Marbod unterließ es nicht, sich selbst zu rühmen und den Feind zu schmähen, sondern, indem er Inguiomer bei der Hand nahm, erklärte er feierlich, diesem hätten die Cherusker ihren ganzen Ruhm zu verdanken, durch seine

Ratschläge sei alles das zustandegekommen, was glücklich sich ereignet habe. Armin sei ein unsinniger Kopf, der selbst nichts verstehe und sich nur fremden Ruhm aneigne. Habe er doch nur drei in Unordnung einherziehende Legionen und einen arglosen Führer mit Hinterlist überfallen, zum schlimmen Unglück für Deutschland und zu seinem eigenen Schaden, insofern seine Gattin und sein Sohn noch gegenwärtig die Knechtschaft zu erleiden hätten. Er aber sei von zwölf Legionen mit Tiberius als Führer angegriffen worden und habe doch den Ruhm der Deutschen unverletzt bewahrt. Ohne daß einer dem anderen unterlegen sei, habe man sich darauf getrennt. Auch brauchten sie es nicht zu bereuen, daß es nun in ihrer Macht liege, ob sie einen nicht aussichtslosen Krieg gegen die Römer oder einen unblutigen Frieden lieber wollten.

So feuerten die Führer ihre Leute an, die übrigens ohnehin dem eigenen Antriebe folgten. Kämpften doch die Cherusker und Langobarden für den alten Ruhm oder die neuerworbene Freiheit, und stritt man doch auf der anderen Seite für die Ausbreitung der Herrschaft. Nie traf man sonst mit größeren Heeresmassen zusammen, nie war der Ausgang ungewisser; wurde doch auf beiden Seiten der rechte Flügel geschlagen.

Auch erwartete man, daß der Kampf erneuert werde. Da zog sich Marbod auf naheliegende Hügel zurück. Damit ließ er erkennen, daß seine Macht erschüttert sei, und nachdem seine Reihen durch Überlaufen zu den Feinden sich gelichtet hatten, wich er in das Markomannenland zurück.

Es hatte also auch in dieser gewaltigen Schlacht Armin seine Überlegenheit behauptet. Die Folge war für Marbod ein Abfall der unterworfenen Stämme. Schließlich wurde er von dem Gotenfürsten Katualda aus seinem Reiche vertrieben, und der einst so mächtige Herrscher mußte nunmehr Hülfe bei den Römern suchen, die ihm denn auch zu Ravenna einen Wohnsitz überwiesen. Seitdem war es mit seinem Ruhme vorbei.

Das Ende Armins.

Aber auch die Stellung Armins blieb bei seinen Landsleuten nicht unangefochten. Neid und Mißgunst scheinen ihn nach wie vor verfolgt zu haben. So erbot sich der Chattenfürst Adgandestrius dem Kaiser Tiberius gegenüber, den Cheruskerfürsten zu vergiften, wenn man ihm das nötige Gift sende. Natürlich wurde dieses seltsame Anerbieten abgewiesen.

Dann warf man ihm vor, er strebe nach der Königsherrschaft, während er doch noch im Kampfe gegen Marbod den Grundsatz der Volksfreiheit vertreten und darum selbst dessen Untergebenen auf seiner Seite gehabt hatte. Hätte wirklich Armin Absichten verfolgt, wie man sie ihm vorgeworfen hat, so wäre die Zeit unmittelbar nach der Auflösung der Römerherrschaft eine bessere Gelegenheit zu ihrer Durchführung für ihn gewesen. Es scheint demnach, als wenn die Beschuldigung auf Verleumdung beruht.

Natürlich waren es wieder seine eigenen Verwandten, die die Feindschaft gegen ihn nicht vergessen konnten. So kam es geradezu zu einem Bürgerkriege, und da Armin auch in diesem Kampfe sich zu behaupten wußte, so nahmen seine Angehörigen ihre Zuflucht zur Hinterlist. Dieser fiel er denn auch zum Opfer. Es war im Jahre 21 n. Chr., als er durch Meuchelmord sein Ende fand. Erst 37 Jahre war er alt, 12 Jahre hatte er an der Spitze seines Volkes gestanden.

„Unzweifelhaft war er der Befreier Deutschlands, der nicht etwa, wie andere Könige und Feldherren es getan, das römische Volk in einer Zeit zum Kampfe herausgefordert hat, als es sich noch in den Anfängen seines Daseins, sondern auf der Höhe der Weltherrschaft befand, in Schlachten wohl unterlegen, im Kriege unbesiegt." So lautet das Urteil des großen Geschichtsschreibers, dem wir hauptsächlich die Mitteilungen über seine Taten zu verdanken haben. Auch erfahren wir von Tacitus, daß er noch nach hundert Jahren in den Gesängen der Deutschen gepriesen worden sei.

Die Lieder sind verklungen. Es hat sich nichts davon in unserem Volke erhalten. So wollen wir uns denn begnügen an den römischen Autoren, die seinen Ruhm uns überliefert haben. Wir singen nicht mehr jene alten Lieder, die nun einmal vergessen sind. Was wir aber dem großen Helden schulden, das ist die Erinnerung an das, was er für unser Volk geleistet hat, das ist die Verehrung des Fürsten, der zu den größten Männern aller Zeiten gerechnet werden muß.

Uns hat er insbesondere den größten Dienst erwiesen. Man muß sich doch einmal vergegenwärtigen, was aus Deutschland geworden wäre, wenn es für dauernde Zeiten von den Römern unterworfen worden wäre, wenn wir das Los der Gallier und so vieler anderen Völker erfahren hätten. Daß uns die Eigenart erhalten blieb, daß wir unsere Sprache retteten, daß wir ein freies Volk geblieben sind, daß wir eine Geschichte erleben durften, dies alles haben wir Armin zu verdanken.

Mögen spätere Männer unseres Vaterlandes ihn an geistiger Bedeutung übertroffen haben. Ihren Ruhm pflegt gleichwohl der Parteihaß zu verkleinern. In der Verehrung Armins dürfen alle Deutschen sich zusammenfinden.

Ja selbst fremde Völker hätten alle Ursache, mit uns zusammen ihn zu ehren. Gäbe es doch, um von anderen zu schweigen, ohne seine Taten weder ein Volk der Franzosen, noch der Engländer, selbst nicht der Amerikaner in den Vereinigten Staaten. Ihnen allen hat er die Möglichkeit ihres Volkstums erst geschaffen. Das wird ihnen freilich schwerlich zum Bewußtsein kommen. Um so mehr wollen wir ihn feiern, als den Befreier Deutschlands, als den ersten Helden unseres Vaterlandes.

Druck von G. Bernstein in Berlin.

Zeitfracht Medien GmbH
Ferdinand-Jühlke-Straße 7
99095 Erfurt, Deutschland
produktsicherheit@kolibri360.de